„Unter den sich am Wasser aufhaltenden Tieren gibt
es den Elefanten, den die Inder Hati nennen.
Der Elefant ist ein Tier mit mächtigem Körper und
hoher Intelligenz. Er versteht, was man ihm sagt,
und macht, was man ihm befiehlt."

„In manchen Einheiten der indischen Armeen ziehen
Elefanten mit in den Kampf. Beladen mit schweren
Lasten, durchqueren sie sowohl seichte Gewässer

als auch wilde Sturzbäche. Aber sie benötigen enorme Futtermengen, die dem Verbrauch von zwei Kamelkarawanen entsprechen."

„Ich habe mich gefragt, wie sich ein Elefant und
ein Nashorn verhalten könnten, wenn sie sich von
Angesicht zu Angesicht gegenüberstünden;

Sobald der Elefantenführer weiter vorrückte,
stellte sich das Nashorn ihm nicht entgegen,
sondern floh in eine andere Richtung."

In Agra:
„Während mir vor der Mahlzeit Geschenke überreicht
wurden, ließ man rasende Kamele und Elefanten

auf der uns gegenüber gelegenen Insel kämpfen.
Auch ließ man mehrere Widder zum Kampf antreten.
Danach waren Ringkämpfer an der Reihe."

Zusammen mit seiner Kavallerie setzte Babur oft
auch Elefanten zu militärischen Zwecken ein.

Robert Delort lehrte Geschichte des Mittelalters an den
Universitäten Paris und Genf. In seinem Buch „Les Animaux ont
une histoire" („Die Tiere haben eine Geschichte", Seuil 1984),
das in mehrere Sprachen übersetzt wurde, zeichnete er die Grundzüge einer Geschichte der Tiere. Seine aktuellen Forschungen
konzentrieren sich auf die Ökogeschichte.

Deutsche Textfassung: Dorothea Wolf
Wissenschaftliche Bearbeitung:
Ulrich Grohmann, Dr. Michael Herholz

Die Deutsche Bibliothek – CIP-Einheitsaufnahme

Elefanten: Götterboten und Gejagte / Robert Delort.
[Dt. Textfassung: Dorothea Wolf.
Wiss. Bearb.: Ulrich Grohmann; Michael Herholz.
Red. der dt. Fassung: Ursula Behrendt-Roden]. –
Dt. Erstausg. – Ravensburg: Maier, 1993
(Abenteuer Geschichte; 38) (Ravensburger Taschenbuch)
Einheitssacht.: Les éléphants, piliers du monde<dt.>
ISBN 3-473-51038-6
NE: Delort, Robert; Grohmann, Ulrich [Bearb.];
Behrendt-Roden, Ursula [Red.]; EST; 1. GT

ABENTEUER GESCHICHTE

Deutsche Erstausgabe als Ravensburger Taschenbuch
© 1993 Ravensburger Buchverlag Otto Maier GmbH

Die Originalausgabe erschien unter dem Titel
„Les Éléphants, piliers du monde"
© 1990 Editions Gallimard, Paris

Redaktion der deutschen Fassung: Ursula Behrendt-Roden

Alle Rechte dieser Ausgabe vorbehalten durch
Ravensburger Buchverlag Otto Maier GmbH
Satz: Eduard Weishaupt, Meckenbeuren
Printed in Italy by Soc. Editoriale Libraria

5 4 3 2 1   97 96 95 94 93

ISBN 3-473-51038-6

ELEFANTEN
Götterboten und Gejagte

Robert Delort

Otto Maier Ravensburg

ERSTES KAPITEL

DIE FAMILIE DER ELEFANTEN

Mammuts hielten die Oulhamrs auf. Sie weideten, sie rissen Wurzeln aus der Erde, und ihr Auftreten war von einer imponierenden Gelassenheit. Unter ihren gewaltigen Füßen wäre selbst der mächtige Löwe nur Staub; ihre Stoßzähne könnten Eichen entwurzeln, ihre granitharten Köpfe würden sie zerschmettern. Und angesichts der Geschmeidigkeit ihrer Rüssel entfuhr es Naoh: Das Mammut ist der Herr über alles, was auf der Erde lebt!"

La Guerre du feu (Am Anfang war das Feuer),
J. H. Rosny, 1911

Eine Mammutherde vor dem Hintergrund der eiszeitlichen Tundra. Hier lebten sie vor mehr als zwölf Jahrtausenden am Rande der Gletscher, die zu dieser Zeit einen großen Teil Europas bedeckten.

Das Familienalbum: Alles soll in Ägypten angefangen haben.

Im Eozän, einer Zeit, in der das Klima warm und feucht ist und tropische Urwälder weit verbreitet sind, lebt das älteste bekannte Rüsseltier. Es ähnelt mehr einem Tapir, hat aber in Unter- und Oberkiefer vergrößerte Schneidezähne. Etwa 45 Millionen Jahre später werden seine Überreste am See Moeris in Ägypten gefunden. Das nach dem Fundort *Moeritherium* * (gr. theros = Tier) benannte Tier ist allerdings noch nicht direkter Vorfahre des Elefanten, sondern eine frühe Seitenlinie der Rüsseltiere.

Es sollen noch etwa 20 Millionen Jahre vergehen, bis endlich im Miozän die ersten Rüsseltiere auf allen Kontinenten, mit Ausnahme von Australien und der Antarktis, verbreitet sind. Bis der Mensch schließlich Vertreter der Familien der Elephantidae und Mammutidae zu Gesicht bekommt, sind allerdings einige Rüsseltierfamilien wie z. B. Palaeomastodon, Gomphoterium oder Deinotherium bereits ausgestorben. Bis in die Zeit des Übergangs vom *Mesolithikum* zum *Neolithikum* überleben lediglich das Mammut *(Mammuthus primigenius)* und der ihm ähnliche Asiatische Elefant *(Elephas maximus)* sowie der sich von ihnen mehr unterscheidende Afrikanische Elefant *(Loxodonta africana)*. Auf einigen Mittelmeerinseln (z. B. Sizilien) kommen Zwergelefanten *(Palaeoloxodon falconeri)* vor. Höhlenzeichnungen stellen in der Regel eines der genannten Tiere dar.

Unten ein Blick in das Familienalbum der Rüsseltiere. Die Größenverhältnisse sind dabei nicht berücksichtigt: Das Moeritherium ist sechs- oder siebenmal kleiner als das Mastodon, das seinerseits größer als das Mammut oder der Afrikanische Elefant ist. Das Deinotherium (Schreckenstier; gr.: deinos = furchtbar, theros= Tier) erhielt seinen Namen nach dem furchterregenden Eindruck, den die beiden im Unterkiefer sitzenden, nach unten gerichteten Stoßzähne hervorriefen. Nach dem Aussehen seiner Backenzähne (gr.: mastos = Zitze, odontos = Zahn) richtete sich die Bezeichnung Mastodon; auf deutsch hieße es also „Zitzenzähner".

* *kursive Begriffe,* sofern es sich nicht um reine Gattungs- und Artennamen handelt, siehe Glossar Seite 184.

Unser Erbe aus dem Eis: Das Mammut

Das Mammut ist das am besten bekannte eiszeitliche Tier; bekannter als das Wollnashorn, der Höhlenbär, der Höhlenlöwe oder der Auerochse. Es erreicht zu seiner Zeit eine Größe wie sein jüngerer Vetter, der Afrikanische Elefant, erscheint aber – wegen seines hoch erhoben getragenen Kopfes – viel größer. Sein rundlicher Körper und die üppige Behaarung verstärken den imposanten Eindruck, den ein ausgewachsenes Tier mit seinen ca. 7 t Gewicht erwecken muß. Auffällig sind auch die bis zu 5 m langen und mehr als 100 kg schweren Stoßzähne, deren starke Krümmung so weit gehen kann, daß sie beinahe einen vollständigen Kreis bilden.

Mammutdarstellungen wie diese aus der Höhle von Pech-Merle in Frankreich zählen zu den ältesten Kunstwerken des Menschen und dienten wahrscheinlich dem Jagdzauber.

Von links nach rechts: Moeritherium, Phiomia, Palaeomastodon, Gomphoterium, Deinotherium, Mastodon, Mammuthus, Loxodonta.

Das Mammut ist den sibirischen Völkern gut bekannt, denn jahrhundertelang betreiben sie mit dem eiszeitlichen – vom Dauerforst wieder freigegebenen – Elfenbein einen regen Handel, der bis nach China reicht.

Auch den Chinesen ist das Mammut seit alters vertraut, allerdings erkennen sie nicht die eigentliche Bedeutung der Mammutfunde. Das Zeremonial „Li-ka" aus dem 15. Jahrhundert v. Chr. beschreibt das Mammut als das faule und dumme Tier „Tien-schu" (Maus, die sich in der Erde eingräbt). Es soll in Erdhöhlen leben, im Aussehen einer Maus ähneln, aber so groß wie ein Rind oder ein Büffel sein. Kommt es an die Erdoberfläche und erblickt das Licht von Sonne oder Mond, so stirbt es. Sein Hals ist kurz, die Augen klein, und der Schwanz ist kaum länger als ein Fuß.

Rätselhaftes Ende der Mammute

Wie kann es dazu kommen, daß ein Tier, das an rauhe klimatische Bedingungen und grobe pflanzliche Nahrung angepaßt ist, einfach verschwindet?

Diese Frage stellen sich Forscher seit den ersten fossilen Mammutfunden. Man versucht das Aussterben der Giganten durch teilweise phantastische Theorien zu erklären. So sollen z. B. durch Vulkantätigkeiten entstandene

Der Bürgermeister von Amsterdam, N. Witsen, reist 1666 nach Moskau. In seinem 1692 erschienenen Buch beschreibt er das von den Russen „Mamont" genannte Tier. Über die Etymologie weiß man lediglich, daß im Estnischen „maa" Erde und „mutt" Maulwurf bedeutet. 1804 verkauft der tungusische Prinz Ossip Schumachow die Stoßzähne eines Mammuts an Roman Boltunow, einen Händler aus Jakutsk. Dieser fertigt am Fundort eine Skizze des Tieres an. Die gefrorenen Kadaver entdeckt Schumachow bereits 1800, kann aber erst vier Jahre später das Elfenbein unbeschädigt bergen.

Inseln das Wasser im Indischen Ozean verdrängt haben. Dies führte zu einer gigantischen Überschwemmung, welche Elefanten und andere Großsäuger ertränkte, nach Sibirien transportierte und in Morasten und Sümpfen ablagerte, wo sie einfroren.

Die metaphysische Katastrophentheorie, der auch G. Cuvier, einer der Väter der Paläontologie, zustimmt, gibt ganz andere Erklärungen. Nach ihr gehen bei Naturkatastrophen ganze Tierarten zugrunde. Für das Ende der Mammute bedeutet dies, daß ein Temperatursturz die Tiere getötet und ihre Kadaver eingefroren hat. Die Theorie glaubt man dadurch beweisen zu können, daß die Kadaver nicht in Fäulnis übergegangen sind.

Um 1900 sehen dagegen einige Forscher den Grund für das Aussterben von Tieren in einer Überspezialisierung einzelner Organe oder lediglich in übermäßigem Wachstum. All diesen Theorien ist gemein, daß sie für das Aussterben der Mammute einen einzigen Grund und einen kurzen Zeitraum angeben.

Der heutige Kenntnisstand ist jedoch weitaus differenzierter: Ging man bislang davon aus, daß die Mammute vor ca. 12 000 Jahren ausgestorben sind, so weiß man mittlerweile aufgrund neuester amerikanischer und russischer Forschungen, daß die allerletzten Mammute – zumindest

Der Botaniker Michael Adams erhält 1806 eine Zeichnung mit der ausführlichen Beschreibung einer sibirischen Mammutfundstätte und reist unverzüglich dorthin. Wie kaum anders zu erwarten, ist der Kadaver nicht mehr vollständig erhalten. Jedoch können das Skelett, einige Weichteile, geringe Hautreste und große Mengen der Behaarung sichergestellt werden. Spätere Funde, wie die von Beresowka (1901) und der Insel Bolschoj Ljachowskij (1906), lassen ausführlichere Beschreibungen zu, die ständig durch Neufunde verbessert werden.

Rekonstruktionen urgeschichtlicher Mammutjagden sagen stets mehr über die aktuelle Bewertung der eigenen Vorfahren aus als über die tatsächlich verwandten Jagdtechniken. So überwiegt bei der abgebildeten euphorischen Jagdszene die Freude der prähistorischen Menschen an ihrer Beute, die ihnen für lange Zeit das Überleben sichert. Mammutwie Elefantenjagd war stets Treibjagd, der Kampf vieler gegen einen Giganten. Ethnographische Parallelen und archäologische Funde belegen den Gebrauch von Distanzwaffen (Speere, Pfeil und Bogen), das Herunterstürzen der Tiere von einer Steilwand sowie das Treiben in Sümpfe oder Treibsand.

В. Васнецовъ

im Nordosten Sibiriens und in Alaska – noch bis vor 6000 Jahren gelebt haben. Das Aussterben der Mammute soll sich über mehrere tausend Jahre erstreckt haben.

Die Erkenntnisse machen deutlich, daß je nach Zeit oder Ort unterschiedliche, komplexe Ursachen für das Verschwinden der Mammute verantwortlich waren.

Einige Gründe sind: Temperaturveränderungen, Abtauen von Gletschern und Überschwemmung der Weidegründe, Ausbreitung des Waldes oder Bildung von Mooren. Der wahrscheinlich wichtigste Grund ist die Jagd des Steinzeitmenschen.

Der Afrikanische und der Asiatische Elefant: Vettern und Brüder

Bis in unsere Tage haben nur zwei Elefantengattungen überlebt; die eine in Asien, die andere in Afrika. Der kleinere Asiatische Elefant überschreitet selten eine Standhöhe von 3 m und ein Gewicht von 4 t und hat kleinere Ohren als sein afrikanischer Verwandter. Seine Stoßzähne sind selten lang, zuweilen sind sie sogar äußerlich kaum sichtbar. Der fast glatte, kaum segmentierte Rüssel weist an seinem Ende einen Greiffinger auf. Den höchsten Punkt des Körpers stellt sein Rücken dar, der von der Schwanzwurzel bis zum Hals durchgehend gewölbt ist. Die Stirn ist konkav, besonders an Rüssel und Ohren hellt sich die dunkle Haut mit fortschreitendem Alter auf. Selten sind die Elefanten grauweiß gefärbt.

Die Bilder zeigen die entfernten Vettern, den Asiatischen (oben rechts) und den Afrikanischen Elefanten (unten). Die augenfälligsten Unterschiede: Größe der Ohren: riesig beim Afrikaner, klein beim Asiaten; Stoßzähne der Bullen: groß und nach oben gebogen beim Afrikaner, klein und gerade beim Asiaten; der Rüssel: stark segmentiert mit zwei Greiffingern beim Afrikaner, fast glatt mit einem Greiffinger beim Asiaten. Die halb imposante, halb bedrohliche Erscheinung des Afrikanischen Elefanten entsteht, wie der Vergleich mit dem Asiatischen Elefanten verdeutlicht, durch die abgespreizten Ohren.

Der Afrikanische Elefant ist größer (mehr als 3,5 m Standhöhe bei alten Bullen) und mit einem Gewicht von bis zu 6 t wesentlich schwerer als der Asiatische. Auch seine Ohren sind deutlich größer; sie ähneln dem Umriß des afrikanischen Kontinents. Seine gebogenen Stoßzähne (daher der Name Loxodonta) sind lang und schwer. Den Rekord mit einem Gewicht von 200 kg für beide Stoßzähne hält bislang ein Elefant vom Kilimandscharo. Am Ende des Rüssels, der stärker segmentiert ist als bei seinem asiatischen Vetter, sind zwei Greiffinger. Der Rücken ist konkav, Kruppe und Kopf sind die am höchsten gelegenen Körperteile.

Seine Backenzähne weisen einen rauten- bis schleifenförmigen Verlauf der Lamellen auf, während sie bei den Asiatischen Elefanten parallel angeordnet sind.

Mindestens zwei Unterarten des Afrikanischen Elefanten können unterschieden werden: Der *Steppenelefant (Loxodonta africana africana)* ist größer, hat eine graue Haut und bis zu 3,5 m lange, nach oben gebogene Stoßzähne. Die Ohren sind groß und breit, vorne spitz zulaufend und berühren sich im angelegten Zustand über dem Rücken.

Der *Waldelefant (Loxodonta africana cyclotis)* ist viel gedrungener. Er erreicht eine Standhöhe von bis zu 2,8 m bei Bullen und bis zu 2,4 m bei Kühen. Sein Gewicht kann bis zu 3,5 t betragen. Die Stoßzähne sind maximal 1,8 m lang und fast gerade nach unten gerichtet. Sein Rücken ist kaum konkav. Die Ohren sind klein und rund; daher auch die Bezeichnung cyclotis (rundohrig).

Seit 1906 – in diesem Jahre beschrieb der deutsche Zoologe Noack eine Zwergform des Afrikanischen Elefanten, die er als eigene Art ansah und *Loxodonta pumilio* benannte – wird diskutiert, ob Steppen- oder Waldelefant die einzigen Unterarten der Gattung darstellen.

Stärke und Schwäche des Rüssels

Der in seiner Ausbildung einzigartige Rüssel ist Namengeber dieser Tiergruppe. An seinem Ende befinden sich Nasenlöcher und Greiffinger. Zum einen dient er als

Illustratoren, wie dieser aus dem 17. Jahrhundert, bedienen sich gern des exotischen Charakters der Elefanten, wenn es darum geht, einen fremden Kontinent darzustellen. Zwar ist der Elefant in Amerika zu dieser Zeit bereits ausgestorben, doch wird die Aussage dieser Allegorie deutlich. Nur die Elefanten verschiedener dunkler Hautfarben mühen sich mit Arbeiten ab oder setzen sich mit den Gefahren der Natur auseinander. Der weißhäutige Elefant aber schwingt seinen Rüssel wie einen Taktstock und dirigiert die Arbeiter. Nur er wird von der Sonne beschienen.

In Ruhestellung lassen Elefanten gerne das Gewicht des Rüssels von den Stoßzähnen tragen. Oft befindet sich der Rüssel, wegen seiner Verletzlichkeit zusammengerollt, unter dem Schutz der Stoßzähne. Tiger oder Löwen, die es wagen, sich mit einem Elefanten anzulegen, oder aber gezwungen sind, sich zu verteidigen, haben kaum eine andere Wahl als zu versuchen, den Rüssel mit ihren mächtigen Tatzen zu verletzen. Das rettet ihnen zwar nur selten das Leben, gefährdet aber durch die Gefahr des Verblutens oder durch Infektionen das Leben des Elefanten.

geschickte Hand, die die unterschiedlichsten Tätigkeiten verrichten kann, wie z. B. Gras ausrupfen, Geldstücke, selbst Brotkrumen auflesen, insbesondere behutsam tasten kann. Zum anderen ist er aber auch eine kräftige Waffe. Elefanten tasten, weil sie den Boden unmittelbar unter sich nicht sehen können, diesen mit ihrem Rüssel nach

Hindernissen ab. Der Rüssel ist besonders empfindlich und sendet dem Gehirn sehr genaue Meldungen über Berührungen. Weitere Informationen erhält das Gehirn durch die wenigen – jedoch über den ganzen Körper verteilten – Haare. Außerdem dient der Rüssel zum Ausreißen von Bäumen, zum Pflücken von Früchten oder Trieben, zum Festhalten von Baumstämmen oder zum Aufrichten von Elefantenjungen. Nicht zuletzt führt er Nahrung und Wasser zum Maul, verspritzt Schlamm und Staub. Darüber hinaus dient er der Verständigung: Er erzeugt die unterschiedlichsten Töne über Pfeifen bis zum Trompeten. Bleibt noch der sehr feine Geruchssinn zu erwähnen: Elefanten können über mehrere Kilometer Entfernung Wasser riechen.

Louis Daubenton (1716–1800) stellte unter der Leitung von Georges de Buffon (1707–1788) Dünnschnitte von Rüsselgewebe her. Die Fasertypen können sehr gut voneinander unterschieden werden.

Obwohl die Haut bis zu 4 cm dick ist (daher der Name Dickhäuter), ist sie doch dünner als die eines Nashorns. Sie weist tiefe Furchen auf und ist daher relativ sensibel. Nur schwer können sich die Elefanten der lästigen Parasiten erwehren, die sich darin einnisten. Der kurze Schwanz kann kaum Fliegen vertreiben. So pudern sich Elefanten oft mit Staub, besprizten sich mit Schlamm oder nehmen ausgiebige Bäder, um ihre Haut zu pflegen. Auch lassen sie sich Parasiten durch Kuhreiher entfernen; den rabiaten Madenhacker dulden sie aber nicht in ihrer Nähe. Die Backenzähne dieser großen Pflanzenfresser sind regelrechte Reiben. Nach der Ausformung der Oberflächen kann man verschiedene Gattungen unterscheiden: parallele Lamellen beim Asiatischen Elefanten, rautenförmige Lamellen beim Afrikanischen Elefanten, hügel- oder zitzenförmige Erhebungen bei den „Mastodonten".

   Ihr Sehvermögen ist nicht besonders gut, Farben können nur schwer unterschieden werden. Bei schwachem Licht ist das Sehvermögen weit besser als in der grellen Sonne; besonders gut werden Formen erkannt. Die großen Ohrmuscheln begünstigen nicht nur das Hören; sie dienen vor allem als Temperaturregler. Zwischen Auge und Ohr befindet sich die Schläfen- oder auch *Musthdrüse*, die meist nur einmal jährlich für ca. 2 – 3 Wochen den streng riechenden Musth abgibt. In Zeiten der Musth sind Elefanten besonders aggressiv.

Mit der Abnutzung der Zähne geht das Leben zu Ende.

Elefanten verfügen über zwei verschiedene Zahntypen: Backenzähne (Molaren) und Schneidezähne (Incisiven). Die großen Molaren werden zum Zerkleinern zäher

Pflanzen benutzt. Insgesamt sechs Backenzähne bestücken nach und nach einzeln jeden Kieferast. Wenn der sechste Backenzahn aufgebraucht ist, kann sich das dann etwa 60jährige Tier nicht mehr ausreichend ernähren. Es bleibt in den Sümpfen, wo die Pflanzen weich sind, aber seinen Nährstoffbedarf nicht decken können. So stirbt es aus Schwäche oder verhungert, versinkt im Schlamm oder wird von Menschen getötet. Daher erreichen Elefanten in freier Wildbahn selten ein Alter von mehr als 60 Jahren.

Die Schneidezähne wachsen während des ganzen Lebens und bilden bei alten Bullen die oft bemerkenswerten Stoßzähne, wobei die besonders großen Exemplare nicht nur durch langes, sondern auch durch überdurchschnittlich starkes Wachstum entstehen. Sie dienen als Werkzeug, um im Boden zu graben, Äste abzubrechen oder Rinde abzuschälen, und auch als Waffe für Verteidigung und Angriff.

Das Elefantengehirn ist mit ca. 5 kg etwa viermal so schwer wie das Gehirn eines Menschen. Verglichen mit einem Körpergewicht von 4 – 5 t erscheint dies wenig. Betrachtet man aber den *Cerebralisationsindex* (Verhältnis von „Neuhirn-" zu Stammhirngewicht), der die Entwicklung des „Denkhirns" widerspiegelt, so liegt dessen Wert bei Elefanten (ca. 100) näher bei dem des Menschen (ca. 170), als dies für Menschenaffen (ca. 50) festgestellt werden kann.

Ihre Füße verfügen über elastische *Bindegewebskissen*, die sich beim Auftreten ausdehnen und beim Anheben zusammenziehen. Sie ermöglichen die Fortbewegung in Sümpfen und einen leisen, leichten Lauf, der kaum Spuren hinterläßt.

Die Füße haben fünf Zehen, aber die Anzahl der Hufnägel variiert.

Die Elefanten können nach der Anzahl ihrer Hufnägel unterschieden werden. So hat der Steppenelefant vorne vier und hinten drei, der Waldelefant vorne fünf und hinten vier.

Die Ostindische Kompanie in Amsterdam schenkte den Niederlanden zwei Asiatische Elefanten mit Namen Hans und Grete. Das beliebte Paar wurde 1795 von französischen Truppen erbeutet und

Die Nachkommen des Elefanten

Elefanten erlangen mit ca. zehn Jahren die Geschlechtsreife. Für Elefantenkühe bedeutet dies, daß sie mit ungefähr zwölf Jahren zum ersten Mal kalben. Allerdings hat ein Jungbulle kaum vor seinem 20. Lebensjahr die Möglichkeit, eine brünstige Kuh erfolgreich zu beschlagen. Alte Bullen – vor allem solche in Musth – sind hier wesentlich erfolgreicher. Auch ist beobachtet worden, daß ein und derselbe Bulle eine Kuh mehrmals oder daß junge Bullen bereits beschlagene Kühe begatteten. Dem nur 10–15 Sekunden dauernden Begattungsvorgang geht ein „Vorspiel" voraus. Hierbei betasten sich die Partner gegenseitig mit ihrem Rüssel an Mund, Schläfendrüse und Geschlechtsteil.

Nach einer durchschnittlichen Tragzeit von 22 Monaten kommen die Elefantenkühe nieder. Die Geburt erfolgt abseits der Herde unter dem Schutz anderer Elefantenkühe, die den *Mutterkuchen* beseitigen und das Neugeborene vor Wildhunden, Leoparden und Hyänen schützen. Das Geburtsgewicht beträgt ca. 100 kg und die Standhöhe ungefähr 1 m. Auch verfügt das Kalb schon über ca. 5 cm lange Milchstoßzähne. Zwillingsgeburten kommen sehr selten vor.

gegen den Widerstand der Bevölkerung nach Paris gebracht. Dort wollte sie Antoine Laurent de Jussieu, der sich in erster Linie als Botaniksystematiker einen Namen machte, untersuchen und studieren. Die Zeitgenossen aber zerbrachen sich in erster Linie den Kopf über das „Liebesleben" der Elefanten.

Die größte Gefahr, die dem Neugeborenen droht, ist der Tod der Mutter oder die Auflösung des Herdenverbandes. Dann fällt es den Raubtieren als leichte Beute zum Opfer, falls es nicht schon vorher verhungert oder verdurstet.

Die Gruppe und die Herde: Eine Zwangsgemeinschaft, in der es sich gut leben läßt

Elefanten sind durch ihre Sozialstrukturen beachtlich geschützt. Die Gruppe, die selten mehr als zehn Tiere zählt und oft aus miteinander verwandten Tieren besteht, folgt gewissermaßen blind ihrem Leittier – einer alten Elefantenkuh. Die Gruppe flieht oder greift mit ihr an. Sobald sie getötet ist, sind die anderen Gruppenmitglieder ratlos und lassen sich leichter von Raubtieren erbeuten oder (von wenigen überlieferten Ausnahmen abgesehen) vertreiben.

Bereits Säuglinge werden mit vorgefertigten Nahrungsballen gefüttert. Auch konnte beobachtet werden, daß das Leittier in bedrohlichen Situationen

Besonders die große Zärtlichkeit zwischen den „Gatten", die zahlreichen Liebkosungen, die der Begattung vorausgingen, die Geburt, das Säugen und die unzähligen Zuneigungs- und Liebesbezeugungen gegenüber dem Neugeborenen oder bereits größeren Jungtier empfanden die Betrachter als besonders bemerkenswert.

Dieses Verhalten kann allerdings in freier Wildbahn nur selten beobachtet werden. Denn dort verliert der Bulle sehr schnell das Interesse an der Elefantenkuh und kümmert sich kaum um seinen Nachwuchs. Auch die Paarungsstellung (links oben) entspricht nicht der Realität der freien Wildbahn, sondern eher dem Geschmack des zeitgenössischen Homo sapiens.

verunsicherte Gruppenmitglieder ebenfalls durch Futter-
gaben beruhigte und deren Gruppenverbleib sicherstellte.
So ist es nicht weiter verwunderlich, daß Mundkontakte,
d.h. gegenseitiges Betasten des Mundes mit dem Rüssel,
ein gewissermaßen ritualisiertes Füttern, den Gruppen-
zusammenhalt fördern. Dieses Verhalten birgt allerdings
auch die Gefahr der Übertragung von Krankheiten.

Verirrt sich ein Jungtier, so orientiert es sich an den
Rufen seiner Mutter und kann ohne jeden Sichtkontakt
1,5 km zurücklegen, um zur Mutter zurückzufinden.

Neben diesen engen Familienverbänden bilden sich
auch „Junggesellengruppen" von sechs bis acht jungadul-
ten Bullen. Die großen Bullen, die älter als 25 Jahre sind,
kann man meistens zu zweit oder dritt, im fortgeschritte-
nen Alter auch als Einzelgänger antreffen.

Bevorzugte Treffpunkte für die vielen Gruppen einer
Herde sind Wasserstellen, in deren Nähe sich ergiebige
Weidegründe befinden. Dabei können Dutzende oder
sogar mehrere hundert Elefanten zusammenkommen. Hier
kann man feststellen, daß sich verwandte Elefanten, die
verschiedenen Gruppen angehören, vor allem am Geruch
erkennen.

Sie gehen friedlich an den meisten Tieren vorbei;
Löwen und Tiger werden jedoch unerbittlich verjagt.
Große Schwierigkeiten bereiten ihnen aber mancherorts
Nashörner und Wasserbüffel als Nahrungskonkurrenten.

Diese Darstellung Afrikanischer Elefanten stammt von dem wenig bekannten französischen Maler Tournemine. Angesichts der Ausbildung der Stoß-zähne, der Größe und Form der Ohren kann es sich nur um Vertreter der Spezies *Loxodonta africana africana* (Step-penelefant) handeln. Anstatt sich in dieser Wasserstelle zu suhlen oder zu „duschen", ste-hen die Tiere verhalten da; lediglich zwei von ihnen wagen es, zu trin-ken. Offensichtlich droht Gefahr, denn eine große Zahl der Tiere hat den Rüssel erhoben, um Witterung aufzuneh-men.

Schlechte Futterverwerter

Die Tagesration eines erwachsenen Elefanten beträgt ca. 200 kg Gras, Früchte, Blätter, Rinde und sogar Holz sowie ca. 100 l Wasser. Etwa 18 Stunden täglich nimmt die Nahrungssuche in Anspruch. Asiatische Arbeitselefanten erhalten zu der gleichgroßen Futtermenge zusätzlich Leckereien. Tiere in Zoos kommen mit etwa der Hälfte an pflanzlicher Nahrung aus. Erstaunlich ist, daß ca. 50 % der aufgenommenen Nahrung (in Extremfällen sogar bis zu 80 %) unverdaut den Körper verläßt. Diese schlechte Verdauung bedeutet aber auch einen Vorteil für die Pflanzenwelt. Unverdaute Pflanzensamen haben in den nährstoffreichen Kotballen, in denen sie abgelegt werden, besonders gute Keim- und Wachstumsbedingungen.

Durch die verschwenderische Futterverwertung besteht allerdings auch immer die Gefahr einer Überweidung, zumal Elefanten mehr verwüsten, als sie an Nahrung aufnehmen. Der Zug einer Elefantenherde durch ein Reisfeld in Asien oder ein Kürbis- oder Baumwollfeld in Afrika kann daher eine völlig verwüstete Landschaft hinterlassen.

Obwohl Elefanten sehr gebirgsgängig sind, fällt es ihnen schwer, starke Steigungen zu erklimmen. Vor allem unterspülte Steilufer bergen tödliche Gefahren.

Ihren Bedarf an Mineralsalzen können Elefanten nicht allein durch pflanzliche Nahrung abdecken. Daher lockern sie seit Generationen salzige Erde mit ihren Stoßzähnen auf, um diese dann zu fressen. So entstanden Gräben, regelrechte Gruben oder Minen von bis zu 4 m Tiefe, die ständig ausgebeutet werden.

Ihre Abhängigkeit vom Wasser und ihr enormer Nahrungsbedarf erklären ihre häufigen Ortswechsel, aber auch ihre Empfindlichkeit hinsichtlich klimatisch bedingter Veränderungen ihrer Lebensräume.

Der Zusammenhalt der Gruppe: Voraussetzung für ein langes Leben

Häufig wird behauptet, der Mensch sei der einzige Feind der Elefanten. Das stimmt so nicht, weder für ausgewachsene noch im besonderen für heranwachsende oder

In der „Naturgeschichte zweier Elefanten im Museum" (s. auch Abb. S. 26/27) aus dem Jahr 1803 wird der Asiatische Elefant als friedliebender, Laub und Astwerk fressender Riese dargestellt. Die Darstellung legt nahe, daß sich ihm Menschen gefahrlos nähern und ihn streicheln können.

neugeborene Elefanten. Selten kommt es vor, daß eine Schlange einen Elefanten durch ihr Gift tötet oder daß Ratten bei einem schlafenden Elefanten die Fußsohlenhaut bis auf die blutgefäßreichen Sohlenpolster durchnagen, so daß er verblutet. Auch Nashörner oder Büffel, in die Enge getrieben und damit zum Kampf gezwungen, wie es auch bei den Zirkusspielen im alten Rom der Fall war, können ihn tödlich verletzen. Doch es drohen noch ganz andere Gefahren.

Unvorsichtige Elefanten riskieren beim Trinken oder Baden schwerwiegende Verletzungen oder gar den Verlust ihres Rüssels durch Krokodile. So kann man beobachten, daß die Mitglieder einer Elefantengruppe immer sehr nahe beieinanderstehen und gefährliche Stellen sehr behutsam untersuchen, bevor z. B. ein Wasserloch zum Baden betreten wird. Selbst die als Einzelgänger lebenden „alten Herren" halten sich bevorzugt in der Nähe von Elefanten-

Durchaus der Wirklichkeit entspricht hingegen die Darstellung der Tiere selbst sowie die Art und Weise, wie sie sich in den unteren „Etagen" der Bäume ihre Nahrung suchen und sie zu sich nehmen.

gruppen auf, deren eventuelles Eingreifen einen Angreifer zurückweichen läßt. Besondere Gefahr droht nämlich einzelgängerisch lebenden Tieren. Diese werden oft von Großkatzen wie Löwe oder Tiger angegangen. Wenn solche Großkatzen, wie es bei Tigerjagden in Asien der Fall ist, in die Enge getrieben werden, so kann der anschließende Kampf mit dem Tod des Elefanten enden.

Besonders groß aber sind die Gefahren – beginnend mit der Geburt – für Jungtiere. Wäre die durch die Geburt geschwächte Mutter allein, so hätte das hilflose Neugeborene kaum eine Überlebenschance. Der sich weit verbreitende Geruch des Jungen und der Nachgeburt lockt nämlich alle möglichen fleischfressenden Tiere an. Das Schicksal des Neugeborenen wäre dann besiegelt. In einer langjährigen „Lehrzeit" müssen die Heranwachsenden erst ihr arteigenes, dem Überleben dienendes Verhalten erlernen. Tiere, die von ihrer Mutter getrennt werden, haben in den ersten fünf Lebensjahren so gut wie keine Aussicht,

Keine Chance haben Tiger, wenn sie auf eine Elefantenherde treffen, die geschlossen zum Angriff übergeht. Unmöglich können die Angegriffenen dieser tonnenschweren Walze standhalten. Auch ein einzelner großer Bulle nimmt es in der Regel spielend mit ihnen auf. So ist auch für einen Elefantenreiter die Tigerjagd ungefährlich, selbst dann, wenn ein erwachsener Bulle den Tiger direkt angeht, um ihn mit seinen Stoßzähnen zu zerreißen.

zu überleben. So ermittelte J. H. Williams, daß 25 % der Elefantenjungen Birmas allein von Tigern getötet werden.

Da Großkatzen für Elefanten eine immense Bedrohung darstellen, kann man gut verstehen, daß die erwachsenen Tiere bestrebt sind, Tiger und Löwen nicht in ihrer Nähe zu dulden. Sobald eine oder mehrere Großkatzen geortet sind, greifen die Elefantenkühe, oft von einigen Bullen begleitet, an. Im allgemeinen fliehen dann die Tiger oder Löwen und verlassen das Gebiet. Kurz gesagt: Die Kraft des Elefanten beruht letztlich auf dem Zusammenhalt seiner Gruppe.

Die Gefahr, die Krokodile für Elefantenjunge darstellen, füllt das umfangreiche Repertoire indischer Legenden. Wenn die Echse nicht durch die Gruppe verjagt wird, bergen Wasserstellen tödliche Gefahren.

Ein friedlicher Vegetarier begegnet dem Menschen.

Menschen haben schon immer – wenn auch aus den unterschiedlichsten Gründen – Elefanten getötet. Als ein Indiz mag die 1876 von dem Großgrundbesitzer Chrometschek entdeckte Fundstätte bei *Predmost* in Mähren dienen, die von H. Wankel und K. Maska seit 1880 systematisch ausgegraben wurde und die Reste von mehr als 1000 getöteten Mammuten enthielt.

Unseren steinzeitlichen Vorfahren ging es vor allem um das Fleisch, wahrscheinlich aber auch um die Häute sowie die Haare und das Fett der Tiere. Heute ist hauptsächlich das Elfenbein Anlaß, diese Tiere zu töten. Doch die eigentliche Ursache für den Konflikt zwischen Elefanten und Mensch liegt vor allem darin, daß beide von Gräsern und deren Samen leben. Denn Getreide, zumeist handelt es sich um Gräser, ist auch das Grundnahrungsmittel des Menschen. Die sich vegetarisch ernährenden Elefanten begegnen dem Menschen also als Nahrungskonkurrenten, zudem ist das Hauptnahrungsmittel der vom Menschen als Eiweißlieferanten gehaltenen Weidetiere ebenfalls Gras.

Von den täglich ca. 200 kg pflanzliche Nahrung fressenden Elefanten gab es Mitte des letzten Jahrhunderts in Afrika ungefähr 10 Millionen Exemplare. Heutzutage zählt man bei weitem nicht einmal ein Zehntel hiervon. Im Vergleich dazu hat sich die Bevölkerung Afrikas innerhalb der letzten drei Jahrzehnte aber mehr als verdreifacht, auf inzwischen 700 Millionen Menschen; der Bedarf an Nahrung und Lebensraum nimmt daher stetig zu. Dies führt dazu, daß der Mensch fortwährend in die Umwelt eingreift und diese verändert: Buschfeuer zur Brandrodung, hierdurch Zerstörung von Savannen und Wäldern, Beweidung oder Überweidung durch seine Viehherden, Aufstauen von Flüssen, Trockenlegen von Sümpfen, Ausbeuten von Wasserstellen zur Bewässerung der Felder und damit ein reduziertes Wasserangebot für alle Tiere in freier Wildbahn. Dies kann für so große Wasserverbraucher wie die Elefanten nicht ohne Folgen bleiben.

Zusätzlich wird der Lebensraum für viele durch Verbannung in Reservate eingeschränkt. Diese Reservate verhindern durch Einzäunung und das permanente Angebot von künstlich geschaffenen Wasserstellen die natürlichen Wanderungen der Elefanten. Die Folge ist eine Überweidung bis hin zur Zerstörung des Reservats.

Bevor die Photographie Eingang in den Journalismus fand, ließen große Zeitungen durch eigens für diese Tätigkeit angestellte Maler telegrafierte Berichte bildnerisch gestalten. Zumeist vermischten sich hierbei die kargen Meldungen mit phantastischen Vorstellungen. Die Bilder sollten vor allem Aufmerksamkeit erregen und die Kaufbereitschaft wecken. Dieses Bild aus dem Jahr 1901 – dargestellt werden sollten Asiatische Elefanten – erinnert eher an eine Bisonherde im Wilden Westen. Man vermißt regelrecht den „Kuhfänger" (dieser war an der Stirnseite von Lokomotiven angebracht, um kleinere Hindernisse ohne Halt von den Schienen zu räumen) und wundert sich, wie die Elefanten den Zug zum Entgleisen bringen konnten.

ZWEITES KAPITEL

ASIEN, AFRIKA:
DER ELEFANT IN ZWEI KULTURKREISEN

Über Jahrhunderte leben die Menschen Asiens mit ihren Elefanten im Einklang. Sie vergöttern sie und nutzen die kräftigen Tiere zur Jagd, als Last- und Zugtier sowie als Prestigeobjekt. Dagegen verläuft in den afrikanischen Kulturen die Begegnung zwischen den Menschen und dem grauen Riesen oft tödlich.

Akbar (1542–1605), der Enkel Baburs und somit direkter Nachkomme Dschingis-Khans, hat das Reich der Großmoguln beträchtlich vergrößert, so daß es von Persien und Afghanistan bis nach Bengalen reicht. Seine Paläste (links) beherbergen Tausende von Elefanten.

Entgegen anderslautenden Meinungen kann man den Afrikanischen Elefanten sehr wohl zähmen, wie es ja auch die Ägypter, Punier und selbst die Römer taten. Elefantenjunge eignen sich besonders gut dazu, doch auch ihre erwachsenen Artgenossen können dressiert und zur Arbeit eingesetzt werden. Dies beweisen die Belgier seit Ende des 19. Jahrhunderts in ihren beiden Elefantenstationen Gangala-na-Bodio und Api im heutigen Zaire. Die von Mitgliedern des Stammes der Zanga gefangenen und gezähmten Elefanten werden dort zum Bäumefällen, Wurzelroden und beim „Straßenbau" eingesetzt. Aufgrund ihres verschiedenen Körperbaus sind sie lediglich als Zugtier kaum geeignet. Im subjektiven Vergleich mit den Asiatischen Elefanten erscheinen die afrikanischen „Vettern" weniger intelligent und folgsam, doch wird dabei leicht übersehen, daß die Asiatischen Elefanten seit Jahrtausenden von den *Mahouts* trainiert und geführt werden.

Meist ist allein die anfangs nicht aggressive Neugier gegenüber dem Menschen Triebfeder für die Dressierbarkeit des Elefanten. Diese Eigenschaft sollte aber nicht als Menschenfreundlichkeit gedeutet werden, wie man sie eher bei Hunden oder Delphinen findet.

Die großen indischen Religionen, der Brahmanismus und der Buddhismus, sind augenscheinlich Kulturen, in denen allen Tieren eine außergewöhnliche Rolle anheimfällt. Dies äußert sich z. B. im Verbot, (bestimmte) Tiere zu töten oder zu verzehren. Innerhalb dieses Systems verfügen natürlich auch die Elefanten über einen besonderen Platz.

Diese Karte aus dem Jahr 1519 wird 21 Jahre nach der Ankunft Vasco da Gamas in Indien angefertigt. Über den Küstenverlauf und die in Küstennähe gelegenen Städte ist man bereits recht gut informiert. In bezug auf die Proportionen, den Verlauf von Flüssen und die weitere Gestalt des Inlands sind allerdings große Kenntnislücken vorhanden. Diese werden auf der Karte durch die Darstellung von erdachten Städten und einheimischen Tieren „geschlossen".

Dagegen sind die afrikanischen Religionen, die zwar auch in der Natur verwurzelt sind, dem Elefanten gegenüber weniger sensibel als bestimmten anderen Tieren, welche sie darstellen, beschreiben, ertragen oder fürchten. Zudem ist die Zähmung des Afrikanischen Elefanten nur im Maghreb, in Nubien und Äthiopien bekannt.

Keine gezähmten Elefanten in Afrika

Schon immer gilt der Elefant in bestimmten Gebieten Afrikas, so z. B. in den Wäldern Schwarzafrikas, als wichtiger Eiweißlieferant. Ganz anders verhält es sich in den Gegenden, wo Tierzucht betrieben wird. Hier konzentriert sich die Jagd auf Löwen und Leoparden und andere Tiere, die das Vieh reißen. Die Hirten sehen keine Veranlassung, ein Tier zu jagen, das ihnen und ihren Herden keinen Schaden zufügt. Da sie zudem nicht auf bestimmte „eigene" Weideflächen angewiesen sind, kann der Elefant hier relativ ungestört leben. Zudem ist die Bevölkerungsdichte oft so gering, daß Mensch und Elefant friedlich nebeneinander leben können.

Eine adlige Inderin, herausgeputzt in Musselin und mit edlem Schmuck, ist erstaunlicherweise ohne Elefantenführer mit ihrem Reitelefanten unterwegs. Der Rüssel des Tieres ist der Herrin zugewandt, um eine Leckerei zu ergreifen. Seine Stoßzähne sind im Gegensatz zu seinem Körper, der mit Decken, Haltegurten, Kappe und Sattel versehen ist, nicht geschmückt. Um auf den Rücken des Tieres zu gelangen, muß der Elefant niederknien; andernfalls müßte seine Herrin eine Leiter benutzen, um aufzusitzen.

Außer zu Nahrungszwecken gibt es also zunächst für die Afrikaner keinen Grund, diese großen und manchmal furchteinflößenden Tiere zu fangen. Allein der Fang der mächtigen Kolosse brächte schon große Schwierigkeiten, da einzelne Tiere kaum von der Herde zu trennen sind. Sollte dies trotzdem gelungen sein, bereiteten Haltung und Ernährung die nächsten Probleme.

Einen Anlaß, sie zu zähmen und zu dressieren, gibt es zunächst nicht. Zu welchem Zweck oder für welche Arbeit sollte der Elefant verwendet werden? Als Kriegselefant wohl kaum, da man andere Formen der Kriegsführung kennt. Straßenbau gibt es in den frühen Kulturen des afrikanischen Kontinents noch nicht, und der Busch wird in der Regel durch Brandrodung urbar gemacht. Pflüge werden, soweit sie überhaupt bekannt sind, von Rindern gezogen.

Hochkulturen, die Elefanten ständig bei Arbeiten oder zu Repräsentationszwecken einsetzen, sind uns – Nordafrika außer acht gelassen – nicht überliefert. Somit haben die Schwarzafrikaner für den gezähmten Elefanten gar keine Verwendung, denn solche Arbeiten, wie sie in Asien von Kriegs-, Jagd-, Kampf-, Lasten- oder Prestigeelefanten geleistet werden, fallen in Afrika nicht an oder können mit geringem Aufwand ohne sie bewältigt werden.

D ie Allegorie Afrikas (linke Seite) erinnert stark an das von Jean-Jacques Rousseau geprägte Klischee des freien, unschuldigen und tugendhaften „edlen Wilden".

Die Rolle des Elefanten in Asien

Die Begegnung zwischen Mensch und Tier hinterläßt in den asiatischen Kulturen deutliche Spuren. Von Indien bis China reagieren die Menschen auf die Fauna der Monsunwälder mit großem Respekt. Vor allem vor dem Tiger, dem

Herrn des Dschungels, scheinen Mensch und Tier kapitulieren zu müssen. Nur der Elefant bildet eine Ausnahme; er kann den Tiger nicht nur vertreiben, sondern auch töten. Somit wird der Elefant, aufgrund der Sicherheit, die er zu verbreiten vermag, respektiert; dies mag Anlaß gewesen sein, sich seine Überlegenheit zunutze zu machen und ihn zu zähmen.

Die ältesten in Sanskrit verfaßten Epoden beschreiben wiederholt die Furcht des Tigers vor dem Elefanten. So ist es kein Wunder, daß neben den vielen als heilig betrachteten Tieren, wie z. B. Kühen oder Affen, die auch noch heutzutage in Tempelbezirken gehalten und betreut werden, der Elefant als göttliches Sinnbild verehrt wird. Als Personifizierung oder Materialisierung bestimmter Gottheiten wird sein Bildnis in den Tempeln verehrt. Ob der Elefant zuerst als symbolisches Tempeltier verwendet wurde, bevor er gezähmt wurde, ist unbekannt. Die Überlieferungen der frühen Hochkultur am Indus, aus kleinen dörflichen Kulturen des 4. und 3. Jahrtausends hervorgegangen, als deren Zeugen vor allem die Ruinen von Mohenjo-Daro, Chanhu-Daro, Harappa und der Hafen Lothal fungieren,

Noch immer spielen die Elefanten, die seit mehr als 5000 Jahren in Indien gezähmt werden, eine grundlegende Rolle in den beiden Religionen, die von Indien ausgehend einen großen Teil der Menschheit erreichen: Der Brahmanismus und der Buddhismus sehen die Elefanten als die mächtigsten und auch als die klügsten Tiere der Schöpfung an.

stellen seine Funktion als Arbeitstier in den Vordergrund.
Er soll mit der Kraft von 60 Menschen ausgestattet sein
und dreimal soviel tragen wie ein Kamel. Bedenkt man,
daß diese Kultur bereits über eine Hieroglyphenschrift und

Steinerne Tierstatuen
schmücken und be-
wachen die Straße zu
den Gräbern der Ming-
Dynastie.

ein einheitliches Maß- und Gewichts-
system, rechtwinklige Straßenführung
und Entwässerungsanlagen sowie
Bauten aus gebrannten Lehmziegeln
(darunter auch öffentliche Bäder)
verfügt, so ist bei der Vielzahl der
anfallenden Arbeiten die Rolle des
Elefanten als Arbeitstier von besonderer Bedeutung.

Erstaunlicherweise berichten aber
ägyptische, griechische oder römische
Quellen fast ausschließlich von Kriegselefanten; ähnliches gilt für die
Mehrzahl der Sanskrittexte. Um das
Moment der Aggressivität zu betonen,
wird der Elefant hier zumeist mit
„den feuchten Schläfen des mada",
d. h. in Musth dargestellt.

Was der Beweggrund war, ihn
zu zähmen, oder welches sein erstes
Einsatzgebiet gewesen sein mag, wird
wohl nie geklärt werden. Jedoch
muß festgehalten werden, daß die Zähmung des Elefanten in Indien ihren
Ursprung hat. Von hier entspringt auch
die „Idee" der Seelenwanderung, die
auch den Elefanten mit einbezieht

Gezähmte Elefanten sind in China seit dem 2. Jahrtausend v. Chr. bekannt und werden dort ununterbrochen bis zum Ende der Ming-Dynastie (1368–1644) sowohl zu Transporten als auch im Krieg eingesetzt. Die Verbreitung des Buddhismus in Südostasien führt dazu, daß auch dort der Elefant als das Symbol des Vaters der letzten Reinkarnation Buddhas geachtet und verehrt wird.

und einen hochgradig prägenden Einfluß auf das Verhältnis zwischen Mensch und Tier hat. Belege für diese Vorstellung gibt es in Birma, Laos, Thailand, Kambodscha, Vietnam und selbst in China.

Zeichen, Totem und Symbol

Vor allem im alten Indien war das Leben der Elefanten in hohem Maße mit dem der Menschen verknüpft. So verwundert es nicht, daß sie uns in schriftlichen Zeugnissen und Bildern dieser Kultur immer wieder begegnen. Bereits in der Induskultur zwischen Mohenjo-Daro und Harappa (2700–1500 v. Chr.) spielt der Elefant eine wichtige Rolle als Zeichen, Totem oder Symbol. Auf den dort gefundenen Specksteinsiegeln wird er bereits als gezähmt, mit einer über den Rücken gelegten Decke, dargestellt. Ausgiebig belegt ist sein Einsatz als Reit- und Kriegstier seit dem 2. vorchristlichen Jahrtausend. Zahlreiche Texte, die nach wiederholter mündlicher Überlieferung aufgezeichnet wurden, handeln vom Eindringen gewaltiger Scharen arischer Völker im 16. Jahrhundert v. Chr. Diese eindringenden Nomaden, die das Pferd als Reittier und die große Streitaxt mitbrachten, beherrschen den ganzen Nordwesten, d. h. den Pandschab und den wichtigsten Teil der Gangesebene, bevor sie auf die

Halbinsel Vorderasien und in die Täler des Himalaja vordringen. Überall stoßen sie auf Elefanten und Überlieferungen, die den Fang, die Dressur, den Einsatz im Kampf und die „Treue" des Elefanten schildern. Die ältesten Weden, vor allem der erste, der Rigweda, erinnern daran, daß das wilde, aber dennoch dressierbare Tier sehr schnell in das tägliche Leben und die Religion integriert wird.

Der Platz des Elefanten im indischen Pantheon

Der unübersichtliche indische Pantheon ist um die Trimurti, die göttliche Dreifaltigkeit aus Brahma (der Weltschöpfer), Wischnu (der Welterhalter) und Schiwa (der Weltzerstörer) aufgebaut. Innerhalb der religiösen Symbolik ist dem Elefanten auf verschiedenen Bedeutungsebenen ein fester Platz zugesichert.

Da die Elefanten in vielen Gebieten mit Beginn der Regenzeit von den Gebirgswäldern in die von Menschen bewohnten Ebenen herabsteigen, glauben die Inder, daß die Elefanten den fruchtbringenden Regen auslösen. So verkörpert der Götterelefant Airawata Wolken und Regen sowie Blitz und Donner. Er ist das Reittier Indras, des Erstgeborenen Brahmas. Die Säulen der Welt, die die Erde tragen, sind Elefanten mit vielsagenden Namen: Mahapadma (großer Wald), Saumanasa (Hüter des Soma, eines berauschenden Trankes), u.v.a. Der immer noch sehr populäre Gott Ganescha ist der zweite Sohn des Schiwa und seiner Gattin Parwati, die unter vielen anderen Namen bekannt ist und als Kali traurige Berühmtheit erlangt hat. Charakteristisch für Ganescha ist sein Elefantenkopf, ein besonders schöner Rüssel und oft ein zerbrochener Stoßzahn. Er reitet üblicherweise auf einer Ratte und ist als Gott der Anfänge vor allem für die Beseitigung von Hindernissen zuständig. Daher wird er besonders gerne am Vorabend einer Unternehmung, sei sie nun kommerzieller, pädagogischer oder literarischer Art, angerufen. Noch heute beginnen viele Bücher mit der Einleitung: „Zu Ehren des Herrn Ganescha". Da er im Ruf steht, besonders liebenswürdig, wohlwollend und weise zu sein, wird er vor allem im Mittelalter wiederholt als der Größte aller Götter betrachtet.

Tschandragupta Maurja (eigentlich Sandrakottos, ehemaliger Offizier Alexanders des Großen) ist der Begründer der indischen Dynastie der Maurja. Seine militärische Kraft basiert vor allem auf seinen Kampfelefanten, die er auch auf Münzen abbilden läßt. Er liefert – nach dem gemeinsamen

Grenzvertrag von 304 v. Chr. – 500 Elefanten an seinen ehemaligen Feind Seleukos I., der sich mit Lysimachos gegen Antigonos I. verbündet hat. Diese drei, allesamt Diadochen, treffen in der Schlacht von Ipsos (301) aufeinander. Die Elefanten entscheiden die Schlacht: Antigonos wird besiegt und getötet.

Indra ist der König der wedischen Götter. Neben der ihm zugeschriebenen Zügellosigkeit in bezug auf Essen, Trinken und Sexualität soll er cholerisch, ebenso aber großzügig und freundlich sein. Er reitet mit Airawata (links) auf einer Wolke, aus der er es regnen läßt. Als Gott des Krieges und der Schlachten (unten) ist er mit vielen verschiedenen Waffen gerüstet. Eines seiner Attribute ist der in der vorderen linken Hand gehaltene Ankus.

Königin Maja wird von einem Indra geweihten Elefanten geschwängert.

Siddhartha (geb. Kapilawatthu um 560 v. Chr., gest. Kusinara um 480 v. Chr.) wird nach der adeligen Familie der Schakjas, der er entstammt, auch Schakjamuni (Einsiedler der Schakjas) genannt. Mit 29 Jahren verläßt er Frau und Kind und wandert als Bettler umher. In Uruwela bei Gaja hat er die von ihm gesuchte Erleuchtung. Er gründet einen Mönchsorden (Sangha) und zieht lehrend und werbend durch Nordindien. Der Nachwelt ist er später unter dem Namen Buddha (Sanskrit: der Erleuchtete) bekannt.

Einer der wichtigsten Grundpfeiler der nach ihm benannten Religion ist die Reinkarnation. Er selbst soll in seiner vorletzten Verkörperung als Vessantra, Sohn eines Königs gelebt haben. Der letzten Gestalt, die Buddha auf Erden eingenommen hat, soll eine außergewöhnliche Zeugung vorausgegangen sein, die der

christlichen Vorstellung der unbefleckten Empfängnis Marias nahekommt. Der Sage nach handelt es sich bei Buddhas Mutter um eine keusche Jungfrau und Königin mit Namen Maja. Diese soll von einem weißen Elefanten mittels seines Rüssels geschwängert worden sein. In den Überlieferungen wird sie einerseits als begehrenswerte Schönheit, zum anderen als in Entbehrung, Buße und Keuschheit lebende Frau dargestellt. Die Zeugung soll auf den Gipfeln des Himalaja stattgefunden haben. Vergleicht man verschiedene Religionen miteinander, so kann man wie in diesem Beispiel bei zeitlich aufeinanderfolgenden oft eine gewisse Anzahl von Übereinstimmungen bzw. Entlehnungen oder Verweise finden.

Die Gattin des Schiwa, Parwati, ist im Brahmanismus die Tochter des Himalaja; daher stellt der Ort der Zeugung Buddhas eine Verbindung zur brahmanischen Götterwelt her. Der größte und wichtigste Helfer der Trimurti, bzw. das Sinnbild für viele nachgeordnete Gottheiten, ist der Elefant. Insofern ist eine göttliche Herkunft Buddhas, da er ja von einem Elefanten gezeugt wurde, in diesem Vorstellungsmodell folgerichtig.

Teile der indischen Religionen finden auch Eingang in die abendländische Philosophie. Der Begriff der Maja (das ist die Kraft, durch die Gott einen Teil seines Wesens materialisieren kann, gleichzeitig aber dem Menschen die

Der sanfte und gutmütige Charakter des Gottes mit dem Elefantenkopf, Ganescha, wird auf dieser Miniatur besonders deutlich herausgestellt. Dieser Gott ist nie aggressiv. Er verfügt nur über einen Stoßzahn, was seine Kraft aber keinesfalls schmälert. Die Begegnung mit Maja (Abb. oben rechts) erinnert in gewisser Weise an die Verkündigung Mariä.

Erkenntnis der Wesenseinheit mit Gott verwehrt), wird von Arthur Schopenhauer aufgenommen: Dem Unwissenden bleibt die eigene Identität mit dem Allwesen verborgen.

Im Königreich des weißen Elefanten

In den vom Buddhismus geprägten Ländern Indochinas hat der „weiße" Elefant ein außergewöhnliches Ansehen. So wundert es nicht, daß sein Bild den thailändischen Königspalast schmückt und er das heraldische Symbol im einstigen Siam war.

Um nach wiederholter Reinkarnation endgültig erlöst zu werden und in das Nirwana eingehen zu können, muß man nach buddhistischer Vorstellung mehrere tierische Existenzen neben den menschlichen durchleben, darunter auch die des weisesten Tieres, des Elefanten. In der buddhistischen Kunst ist

Eingedenk der Zeugung Buddhas durch einen Elefanten wird in Südostasien besonders der weiße Elefant verehrt. Wie hier (unten) vor einem Königspalast dargestellt, wird er übermäßig geschmückt und durch viele Diener königlich verwöhnt.

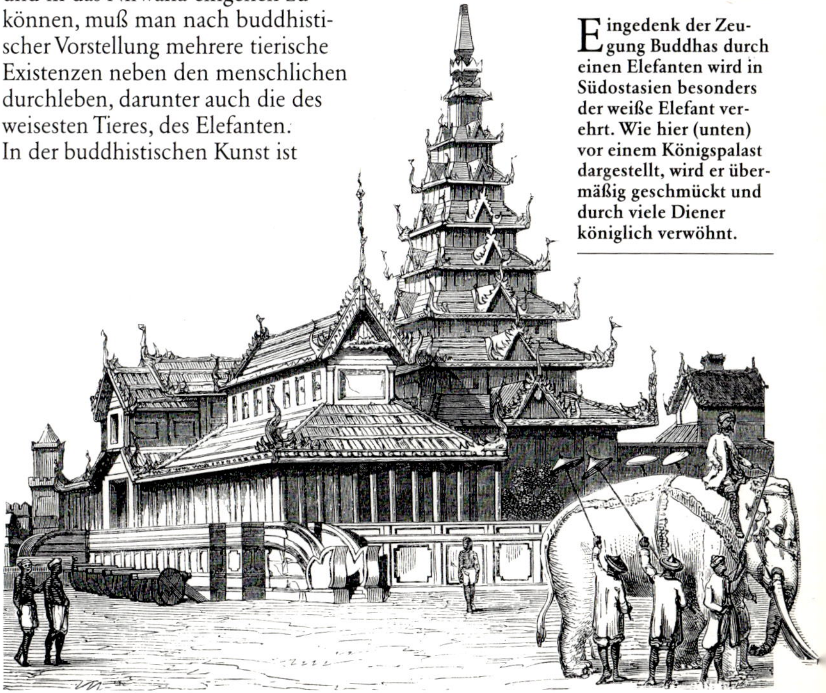

er mit offenem Maul, karminrotem Kopf und silbrig glänzenden Stoßzähnen, die von wertvollen Steinen funkeln, dargestellt. Geschmückt ist er mit glänzendem Goldtüll, und die perfekten Proportionen seiner Glieder und Organe verleihen ihm eine majestätische Erscheinung. „Weiße" Elefanten, ein äußerst seltenes Spiel der Natur, werden von einer großen Dienerschar betreut und mit kostbarem Schmuck ausstaffiert. Vielfach wohnen sie in buddhistischen Tempeln und übernehmen religiöse Funktionen, wie z.B. das Tragen von Reliquien bei Umzügen an hohen Festtagen.

Der Tod eines solchen Elefanten ist ein großer Verlust, denn Elefanten sind nicht nur wichtiges religiöses Symbol. Sie stellen auch einen großen materiellen Wert dar und demonstrieren den Reichtum seines Besitzers. So kann einem Bericht Kapitän Hawkins vom Beginn des 17. Jahrhunderts entnommen werden, daß der Großmogul Jahangir für seine Tiere (vor allem Elefanten) täglich 50 000 Rupien ausgab; seine Frauenschar ließ er sich jedoch „lediglich" 30 000 Rupien kosten.

In der asiatischen Geschichte gibt es Belege dafür, daß (weiße) Elefanten wiederholt dafür trainiert und eingesetzt wurden, Todesurteile zu vollstrecken. Hierzu müssen sie den Kopf des Verurteilten mit einem ihrer Füße zerdrücken. Angesichts der Symbolik des Elefanten innerhalb der südasiatischen Religion ist eine derartige Hinrichtung mit einem Gottesurteil gleichzusetzen.

Der Kriegselefant

Obwohl zwischen den Niederschriften des Rigweda als des ältesten Weda und des Mahabharata (Buch XII, Kap. 100 – 102) etwa 1000 Jahre liegen, ergeben beide ein übereinstimmendes Bild der Kriegsführung. Elefanten spielen hier allerdings nur eine sehr geringe Rolle. Besonders ausführliche Schilderungen von Kriegselefanten sind dem Buch „Arthaschastra" von Kautilja, dem Kanzler des Tschandragupta Maurja, zu entnehmen. Ein Feldmarschall (Senapati) befehligt die vier Kampfgruppen, die zu Elefant, Roß, Wagen oder zu Fuß in den Kampf ziehen, sowie die gesondert erwähnten Pioniertruppen. Jede dieser Einheiten wird wiederum von einem Kommandeur geführt. Die Grundlage der ganzen Heeresorganisation bilden die Elefanten und die Wagenkämpfer mit ihren Begleitmannschaften.

Ferdausi (Der Paradiesische, geb. 939, gest. 1020), der größte epische Dichter Persiens, hat das berühmte Epos „Buch der Könige" (Schah-Name) verfaßt, das mit zahlreichen Miniaturen versehen wurde. Diese Miniatur (rechts) aus dem 17. Jahrhundert illustriert den Kampf des Iran (der Perser) gegen die Turkvölker.

Der Elefant wird als Vollstrecker der Todesstrafe zwar häufig erwähnt, aber selten in dieser unerwarteten Rolle zum Gegenstand bildlicher Darstellungen. Hier handelt es sich um einen großen, ziemlich alten Bullen, den man einer langen Dressur unterziehen mußte, bis er bereitwillig den auf Holzblock liegenden Kopf eines Menschen zermalmte.

In der Lebensbeschreibung des Großmoguls Akbar berichtet Abu Fadl, wie 1567 „die meisten Herren Indiens bis auf Uday-Singh kamen, um sich zu verneigen und den Boden zu küssen. Uday-Singh war stolz auf seine steilen Berge und seine uneinnehmbaren Festungen." Akbar fühlt sich herausgefordert und belagert Chitor, die Residenz und Festung von Uday-Singh. Nach einer langanhaltenden Belagerung kapitulieren die Verteidiger, die Sieger veranstalten ein Gemetzel, zu dem 300 Elefanten hinzugezogen werden. Aber Rai Surjan, der Uday-Singh treu ergeben ist, hält noch die starke Festung Ranthambor. Der Angriff beginnt am 10. Januar 1569: Kanonen und Mörser, von Hunderten von Rindern herbeigezogen, werden auf einer von Tausenden von Menschen geebneten Fläche unter ständigem gegnerischem Artilleriebeschuß in Stellung gebracht. Erst am 19. März kapituliert Rai Surjan. Die Sieger ziehen mit ihren Elefanten in die Stadt ein, doch sie verschonen ihre Einwohner.

Die kleinste Einheit besteht aus drei Elefanten und/ oder drei Streitwagen, 15 Reitern und 45 Infanteristen. Zu jedem Elefanten gehören außerdem 45 „Beinschützer".

Die Dressur der Elefanten zu Kriegszwecken berücksichtigt folgende Aspekte: den Kampf gegen „gegnerische" Elefanten, das Niedertrampeln von Reitern und Infanteristen, das Umrennen leichter Verschanzungen, das Eindrücken von Toren sowie das Stillstehen im Kampf ohne Berücksichtigung der Schlachtgeräusche. Hierbei werden teilweise Augenabdeckungen verwendet, wie es heutzutage noch bei Rennpferden geschieht, die ihre Startbox nicht betreten wollen.

Innerhalb der starren Schlachtordnung wird den Elefanten zumeist der Platz vor dem Zentrum der angreifenden Truppe, teilweise vor den Heeresflügeln, zugewiesen. Als Rückhalt bzw. als Schutz des Schlachtenlenkers werden mehrere Elefanten hinter den letzten Truppenreihen plaziert.

Beim Kampf mit den Elefanten des Gegners setzt man auf die eigenen Elefanten, auf Wurfmaschinen und große Kriegswagen. Gilt es Flüsse zu überqueren, so wird manchmal eine lebende Brücke aus Elefanten errichtet. Großmogul Akbar stellt wiederholt fest, daß seine Vasallen bei der Bewertung ihrer Heeresanteile mit geliehenen Elefanten erscheinen, um möglichst viel Sold zu erhalten. Im Kriegsfall hingegen verstärken sie seine eigenen Gruppen nur mit einem Bruchteil der gemusterten Tiere. Um dieses Übel auszurotten, führt Akbar das Brandzeichnen der Elefanten ein und legt für sie damit die Funktion kaiserlicher Diensttiere fest.

Kampfelefanten

In Friedenszeiten gibt es regelrechte Meisterschaften, die zwischen besonders großen, starken Bullen ausgetragen werden. Claudius Aelianus, Oberpriester unter Kaiser Septimius Severus, beschreibt derartige Kämpfe im 2. nachchristlichen Jahrhundert. Um einen tödlichen Ausgang für den einen oder den anderen Teilnehmer zu verhindern, wurde eine Mauer errichtet. Der Sieger konnte sie nicht überwinden und den Besiegten erreichen. Gelegentlich wurden auch die Stoßzähne abgesägt, um die Anzahl der tödlichen Verletzungen zu reduzieren. Aus dem gleichen Grund mußten die Elefanten in Musth ohne ihre Mahouts gegeneinander antreten.

Die Briten setzen im 19. Jahrhundert Elefanten auch als Zugtiere zum Transport von Kanonen ein. Dabei werden teilweise mehrere Elefanten hintereinandergespannt. Trotzdem müssen die Soldaten noch oft, auch wenn kein Elefant ausfällt, kräftig in die Speichen greifen. Immer wieder sind die Briten auf ihre Kanonen angewiesen, um ihre zahlenmäßige Unterlegenheit wettzumachen. Große Verluste haben sie wiederholt am Khaiberpaß im Hindukusch zu beklagen; 1842 verlieren sie hier eine ganze Armee. Doch mit der Eroberung von Peshawa (1848) haben sie die Kontrolle über diesen Paß gewonnen.

Der Jagdelefant

Manchmal werden Kämpfe
mit mehreren Tieren veranstaltet: Gezähmte und wilde
Elefanten treten in einer
Arena gegeneinander an. Es
handelt sich hierbei um die
Abwandlung einer Jagd-
technik, die vielerorts beim
Elefantenfang eingesetzt
wird. Zwei zahme Elefanten
nehmen einen wilden zwi-
schen sich und traktieren

ihn so lange, bis er resigniert. Der Elefant wird aber vor
allem bei der adligen und gefährlichen Jagd als Reittier der
Prinzen und Mächtigen einge-
setzt. Büffel und Wildrinder

Während der
Kämpfe zwischen
den Champions ist der
Mahout am meisten
gefährdet, da das gegne-
rische Tier ihn zu töten
versucht.

wagen kaum, den Elefanten anzugreifen. Daher ist deren
Jagd für die auf Elefanten reitenden Jäger völlig ungefähr-
lich. Anders verhält es sich bei der aus unterschiedlichen
Motiven durchgeführten Leoparden- oder Tigerjagd. Der
Bauer erhofft sich, so seine Herden zu schützen oder einen
„Menschenfresser" unschädlich zu machen; der Prinz
interessiert sich nur für das Fell als Jagdtrophäe. Oft werden
Hunde eingesetzt, die den Tiger aufschrecken sollen, damit
die Jäger ihn überhaupt sehen und somit jagen können.
Die Elefanten müssen so geführt werden, daß den Raub-
katzen der Fluchtweg versperrt wird und der Jäger zum
Schuß kommen kann. Treiber sind bei derartigen Jagden
besonders gefährdet. Aber auch den Elefantenreitern droht
Gefahr, wenn der Tiger in unübersichtlichem Gelände in
die Enge getrieben wird und zum Angriff übergeht.

Der Dressur der Jagdelefanten kommt daher besondere
Bedeutung zu. Unerfahrene Tiere können durch unkontrol-
lierte Bewegungen den Schuß vereiteln oder fehllei-
ten sowie den Angriff des Tigers auf Elefant,
Mahout oder Jäger ermöglichen.
Daher müssen ungeübte Tiere

D er Großmogul
Akbar hatte meh-
rere tausend Elefanten
in seinen Ställen. Anläß-
lich eines Kriegszuges
gegen Bengalen soll er
mit den 600 stärksten
Elefanten den Ganges
überquert haben
(rechts).

E in weißer Jäger zielt
ohne großes Risiko;
ein weiteres geladenes
Gewehr wird ihm ge-
reicht, falls die ersten
Schüsse fehlgehen. Der
eventuell schon ver-
letzte Tiger greift nicht
den Elefantenbullen an,
sondern stürzt sich auf
einen einheimischen
Treiber.

zuallererst an den Anblick des Tigers und irritierende Geräuschkulissen gewöhnt werden. Andererseits können Tiere, die an die Begegnung mit Tigern gewöhnt sind, zu schnell angreifen und eine Lücke in die Jagdkette reißen, so daß der Tiger entfliehen kann. Diese Tiere müssen verstärkt darauf trainiert werden, den Befehlen ihres Mahouts unbedingt Folge zu leisten.

D iese Abbildung (unten) aus dem 18. Jahrhundert mag Indra auf Airawata zeigen; genausogut könnte es sich um eine Illustration des Kamasutra von Watsjajana handeln.

Parade- und Prestigeelefant

Der außergewöhnlich hohe Preis für einen Elefanten, der schon in wedischer Zeit 1000 Goldstücke betragen konnte, aber auch die Kosten für seine Dressur und die tägliche Ernährung machen ihn zu einem Tier, das sich nur eine gesellschaftliche Elite halten kann. Reitelefanten sind Symbol der Macht und des Geldes. Daher werden sie gerne bei Paraden, Defilees oder Umzügen präsentiert. Um den Wert der Tiere noch zu steigern, werden sie anläßlich der öffentlichen Veranstaltungen mit wertvollen Stoffen und gepunztem Leder, mit Gold und Silber geschmückt. Zudem werden sie mit Perlen, wertvollen Steinen, Federn sowie Schellen und Glöckchen, die überall ihren Vorbeimarsch ankündigen, herausgeputzt. Selbst der Ankus, ein mit scharfer Spitze versehener Stab des Elefantenführers kann aus Gold und Edelsteinen gearbeitet sein.

Ein Elefant im Dienst eines reichen Herrn wird immer als großer Bulle mit mächtigen Stoßzähnen dargestellt. Nach Claudius Aelianus taugt er nicht nur zum Jagen und Kämpfen, sondern behütet und schützt auch seinen Herrn. Glaubt man dem Historiker Flavius Aulus Arrianus (ca. 95 – 175) und dem Abt des Klosters von Reichenau, Walahfried Strabo (809 – 849), so dienen schöne Elefanten immer wieder als Kaufpreis oder Geschenk für eine Braut.

Arrianus und Strabo bezogen ihre Informationen aus dem Schiffsjournal des Nearchos, einem Admiral von Alexander dem Großen.

Der Elefant als Last- und Zugtier

Seitdem der Elefant als Reittier Menschen trägt, wird er auch eingesetzt, um schwere Lasten zu befördern sowie Wagen oder Geschütze zu ziehen. Während des Zweiten Weltkrieges haben die Japaner in Birma und noch später die Vietkong in Vietnam Elefanten zu solchen Arbeiten herangezogen.

Der Elefant wird in Asien vor allem zum Bäumefällen eingesetzt. Er mobilisiert alle seine Kraft und drückt den Baum mit der Stirn um. Ein Vorderbein unterstützt diese Arbeit, sobald der Stamm wackelt. Ist der Baum gefällt, so werden die Äste entfernt und der Stamm entrindet. Die Elefanten transportieren, unter Zuhilfenahme von Rüssel und Stoßzähnen, das Holz zum nächsten flößbaren Fluß; zu schwere und große Stämme werden erst zerteilt und dann zum Fluß gezogen. Die sehr großen Stoßzähne des Elefanten im Vordergrund geben Anlaß zu der Vermutung, daß es sich hier um einen besonders alten und erfahrenen Bullen handelt.

Dschingis-Khan soll in der 1220 eroberten Stadt Samarkand, der späteren Residenz von Timur-Leng, ständig 95 Elefanten beim Bau der großen Moschee eingesetzt haben. Sonst werden Elefanten wiederholt dort eingesetzt, wo Wagen mit Rädern aufgrund starker Steigungen nicht bewegt werden können oder wegen morastiger Untergründe steckenbleiben. Zusätzlich führen Elefanten schwere Arbeiten, besonders Bäumefällen und Holzrücken aus, oder sie helfen beim Bau von Straßen und Pisten. Ihre Arbeit ist deshalb so effektiv, weil sie ihre gesamte Kraft auf einer sehr kleinen Fläche, wie z. B. ihrer Stirn, konzentrieren können und von selbst die besten Ansatzpunkte suchen und finden. Insofern sind sie sogar einem herkömmlichen Bulldozer überlegen. Wenn auch die sanftmütigeren Elefantenkühe die meisten Aufgaben erfüllen können,

Der Elefant ist in der Lage, auf seinem Packsattel dreimal so schwere Lasten wie ein Kamel zu tragen. Als Zugtier kann er außerdem wesentlich länger eingesetzt werden. In diesem Fall wird die Verbindung zwischen Elefant und Wagen durch ein Tuch hergestellt, das sich der Rundung des Rückens anpaßt. Die Stoffbahn wird mit zwei Gurten am Elefanten befestigt. Den Proportionen nach handelt es sich bei dem dargestellten Tier um einen jungen Bullen.

so bevorzugt man die Bullen besonders beim Holzrücken, da sie mit ihren Stoßzähnen die Stämme tragen können. Der Rüssel balanciert diese Last eigentlich nur noch und trägt sie nicht eigentlich. So können auch schwere Stämme bewegt werden.

Das „Kastensystem" der Elefanten

Die in Sanskrit verfaßten Schriften unterscheiden die Elefanten nach Alter, Verhalten, Herkunft und Geruch. Weitere Unterscheidungsmerkmale sind die Verwendungsmöglichkeiten als Kriegs-, Jagd-, Parade- und Lasttier oder Eigenschaften wie z. B. zähmbar bzw. bösartig. In Birma werden zudem die Elefantenbullen nach der Ausbildung ihrer Stoßzähne klassifiziert: Ein Tai hat nur einen Stoßzahn links oder rechts, ein Han hat zwei Stoßzahnstummel wie die meisten Elefantenkühe, ein Hine hat weder Stoßzähne noch Stummel, dafür aber einen besonders dicken und starken Rüssel.

Als besonders wertvoll gilt der athletisch gebaute Koomeriah-Typ; für derartige Tiere wurden bereits vor 100 Jahren Preise von 10 000 Dollar gezahlt, während ein durchschnittlicher Bulle für 750 Dollar und eine geschlechtsreife oder arbeitsfähige Kuh für 1000 Dollar zu haben war. Das Ideal des Koomeriah wird so beschrieben: großer, korpulenter Rumpf, gewaltige, kurze Beine und ein flacher Rücken. Die Stirn ist hoch, Kopf und Brust sind mächtig, der Nacken kurz und dick. Sein Rüssel reicht bis zu den Füßen und ist durch den vorspringenden Höcker zwischen den Augen verdickt. Der stark behaarte Schwanz ist lang, muß aber nicht den Boden berühren. Seine Standhöhe liegt nicht unter 2,75 m, und er verfügt über positive Eigenschaften wie Gutmütigkeit, Gelehrsamkeit und Tapferkeit.

Zähmung und Dressur

Verschiedene Methoden, Elefanten zu zähmen, sind bekannt. Häufig wird der enorme Futter- und Wasserbedarf des Elefanten ausgenutzt, um seinen Willen zu brechen. Nahrung und Trank werden ihm vorenthalten, oder er wird durch anhaltende Geräusche, den Lärm von Musikinstrumenten und Stimmen am Schlaf gehindert. Diese Unterwerfung ist meist der erste Schritt der sich anschließenden Dressur.

Im allgemeinen akzeptiert der Elefant nur einen Herrn, seinen Mahout. Beide bilden eine unzertrennliche Einheit. Das Tier versteht zumeist durch eine einzige Berührung, was sein Führer von ihm fordert. Der Ankus, mit dem der Mahout in das

empfindliche Ohr des Elefanten sticht, hat vor allem den Zweck, das Tier solche Aufgaben ausführen zu lassen, die es normalerweise verweigert. Allerdings wird der Ankus nie zur Bestrafung von Ungehorsam eingesetzt. Die gezähmten Tiere werden meist des Nachts „gehobbelt", d. h. die Vorderbeine werden aneinandergebunden und mit einer langen Kette versehen, die im Gegensatz zu den Elefantenfüßen auf dem Boden deutlich sichtbare Spuren hinterläßt. Diese Art der Fesselung erlaubt den Elefanten die nächtliche Futtersuche in der Nähe des Lagers. Morgens kann sie der Mahout dann mit Hilfe der Kettenspuren problemlos im Wald wiederfinden.

Vielerorts versucht man zuerst Vertrauen, Zuneigung und Dankbarkeit des Tieres zu gewinnen. Dazu hat, so berichtet bereits Albertus Magnus (1193–1280) unter Berufung auf Ibn Sina (lat. Avicenna, 980–1037), ein gedungener „Böser" den Elefanten in seinem Gefängnis zu drangsalieren und zu strafen. Der Gute hingegen, der zukünftige Mahout, versorgt das Tier mit Futter und Leckereien.

In Birma geht man vor ca. 50 Jahren folgendermaßen vor: Der gefangene Elefant wird in einem kleinen Gatter an einem Fuß angebunden. Während er Leckereien erhält,

Ein wilder Bulle ist mit seinen Hinterbeinen an einen Baum gefesselt. Akbar selbst prüft, ob er den Elefanten in seinen Ställen unterbringen möchte. Er hat eine große Schar von Dienern und gezähmten Elefanten dabei, um das Tier sofort mitnehmen zu können.

Chasse Pour Pren...

on fait une estacade ou palissade de gros pieux ou arbres entiers dont l'enceinte est
laisse la baze de ce triangle ouvert pour la fermer quand on veut, on a des pieux tous pré
de plusieurs milliers d'hommes a quelques lieües de cette palissade, ils font en grand cercle
font fuir les elephans sauvages, les conduisants vers l'estacade ou les ayant réduits ils
on a une porte a l'endroit le plus estroit et l'on y fait entrer un elephant docile qui va ba
... l'elephant domestique ou les fait sortir de cette enceinte et l'on les laisse ainsi i

Die Elefantenjagd

Folgende Aquarelle stellen die Elefanten des Königs von Siam dar. Die Beschreibungen der Elefantenjagd stammen aus dem 18. Jahrhundert:

„Man baut einen erhöhten Platz oder einen Palisadenzaun aus großen Steinen oder ganzen Bäumen, dessen Innenraum dreieckig ist und manchmal ein oder zwei ring- oder kreisförmige Plätze hat. Im Wald formieren sich mehrere tausend Menschen zu einer geschlossenen Kette. Sie bilden einen großen Kreis, erschrecken die wilden Elefanten mit Trommeln, Trompeten und Musketen und veranlassen sie zu fliehen, wobei sie sie in Richtung des erhöhten Platzes treiben. Um sie zu fangen und zu zähmen, treibt man sie in kleinen Gruppen in vorbereitete Fallen. Dort schleust man einen folgsamen Elefanten ein, der bald mit dem wilden Elefanten spielt. Beiden wirft man anschließend eine Kordel über, die die Tiere miteinander verknüpft. Zusammen läßt man sie aus dem Gatter herausgehen und löst erst dann die Fesseln, wenn das wilde Tier gezähmt ist."

e Les Elephans,

Escuries des Ælepha

Chaque Ælephant a son escurie particuliere bastie ou de brique ou de bamboux et plusieurs
a un baston aubout duquel il y a Comme a un Croc de batelier une pointe auec une a
nt ala Campagne assez loin et reuiennent le Soir chargez de grandes herbes pour l
Riues entieres en tour deson palais qui ne Sont composées que de maisons pour les ele
r fait Cuire d'un sorte de grain Comme des Lentilles on y met du poiure dedans qui e
on appelle Poiure d'elephant on met ce grain en boules arosses Comme la teste d'un enf

Ställe und Futter der Elefanten

„Jeder Elefant hat seinen eigenen Stall aus Ziegelsteinen oder Bambus sowie mehrere Diener. Der Elefantenführer heißt Kornak. Er hat einen Stab mit einer Krümmung wie bei einem Enterhaken, mit dem er in die Stirn des Elefanten stechen kann. Andere Männer gehen oft recht weit ins Land hinein und kommen am Abend mit großen Grasmengen zurück. Der König von Siam besitzt eine große Anzahl Elefanten. Um seinen Palast gibt es ganze Straßen, die nur aus Elefantenställen bestehen. Jeder einzelne Stall hat eine große Tür mit zwei Flügeln. Man kocht den Elefanten eine linsenartige Getreidesorte, fügt schwarzen Pfeffer hinzu, der so lang wie ein halber Finger und ganz genarbt ist. Er heißt Elefantenpfeffer. Das Getreide wird in Schüsseln gefüllt, die so groß sind wie der Kopf eines Elefanten, und in das Maul des Elefanten geschüttet."

s et leur manger-

quy le servent, on appelle Cornac Celuy qui gouverne l'éléph
ntournée dont il pique le front de l'éléphant les autres hom
ants Le Roy de Siam a une grande quantité d'éléphans on
et chacune a une grande porte Coehere a deux bastans o
et de la longueur de la moitié d'un doigt et tout chagriné
on met dans la bouche de l'éléphant.

combat.

D'un tigre auec des eléphants quelque fois l'on voi
Le tigre par le milieu du corps et le jetter en l
qui est dessus lui ordonne il le foule auec les j
tigre tâche principalement de prendre la

élephant prendre auec sa trompe
quand son cornac ou l'homme
s'oule reuot sur ses dents. le
mpe auéc ses griffes et l'élephan

Kampf eines Tigers mit einem Elefanten

Wichtiges Element der Abrichtung von Arbeitselefanten, die später in freier Wildbahn eingesetzt werden sollen, ist der Schutz des Mahout vor wilden Tieren. Diese Abbildung zeigt, wie die gefährliche Begegnung von Elefanten und Tiger eingeübt wird:
„Manchmal sieht man einen Elefanten, der gerade einen Tiger mit dem Rüssel um die Mitte seines Körpers greift und in die Luft wirft, wenn es sein Elefantenführer oder sein Reiter befiehlt. Der Elefant zerdrückt ihn mit den Füßen oder fängt ihn mit den Stoßzähnen auf. Dagegen bemüht sich der Tiger hauptsächlich, mit seinen Tatzen den Rüssel zu erwischen. "

wird der zukünftige Mahout mit Hilfe
eines Flaschenzugs auf den Kopf des Elefanten
herabgelassen; der Elefant beginnt – beinah wie ein
störrisches Maultier – zu bocken. Dieser Vorgang wird
mehrmals wiederholt. Danach wird ein schwerer gepolster-
ter Balken auf den Elefantenrücken herabgelassen, was
immer wieder zu „Wildpferdeskapaden" führt. Nach wenigen Sekunden wird der Balken wieder hochgezogen.
Dies geschieht so lange, bis sich der Elefant niederlegt, was
von den Trainern mit dem Kommando für das Hinlegen
(„Hmit") begleitet wird. Hebt sich der Balken wieder, und
der Elefant steht auf, so begleiten die Trainer dies mit dem
Kommando für das Aufstehen („Tah"). Nach mehrfacher
Wiederholung kann der zukünftige Mahout wieder auf
den Rücken des Elefanten herabgelassen werden, und
der Elefant legt sich auf seinen Handdruck und das pas-
sende Kommando hin. In diesem Stadium gilt der Elefant
bereits als gezähmt und wird neben einen *Koonkie* gebunden, um weitere Lektionen zu lernen.

A frika liefert vorrangig „Rohstoffe" wie Elfenbein und Tierhäute, aber auch weniger wertvolle Waren in den Fernen Osten. Dafür werden hochwertige Produkte z. B. der Goldschmiedekunst oder Elfenbeinschnitzerei zurückgetauscht.

Von Indien nach Afrika

Die Idee, zahme Elefanten für Kriegszwecke zu nutzen, ist
aus dem Osten nach Ägypten gekommen und gelangte
von hier aus nach Karthago und sogar bis ins ferne Rom.
Aber nicht nur die Dressurtechnik des Elefanten stammt
aus dem Osten; überhaupt waren die ersten zahmen
Elefanten Nordafrikas asiatischer Herkunft. Sie kamen
entweder als Kriegsbeute oder aber, und dies gilt für die
Mehrzahl, als Handelsware.

Der Import gezähmter Elefanten
war schon immer kostspielig, und
so entsteht zuerst in Nubien und
Äthiopien die Idee, kleinere Verwandte
des Steppenelefanten zu zähmen.
Hierzu werden vor allem die Elefanten
der Küstenlandschaft Somalias verwendet (die Karthager zähmen in späteren
Jahren den Atlaselefanten). Haupt-
umschlagsplatz ist *Punt*. Die Nilinsel
Elephantine nahe Assuan wurde früher
fälschlicherweise – vor allem wegen
ihres Namens – als Umschlagplatz für
Elefanten angesehen. Mittlerweile ist
aber bekannt, woher diese Insel ihren

Namen hat: Nähert man sich der Insel aus einer bestimmten Richtung, so ähnelt ihr Aussehen nämlich einem im Wasser stehender Elefanten.

Doch die Zähmung der Elefanten bleibt in Afrika lediglich eine Episode, zumal wenige hundert Jahre nach der Zeitenwende die nordafrikanischen Elefanten bereits ausgerottet bzw. ausgestorben sind. Das Vordringen des Islam bringt Nord- und Ostafrika, über Vorderasien bis hin zum heutigen Bangladesch, mit der Heimat des Asiatischen Elefanten in enge – auch wirtschaftliche – Beziehung. So ziehen die Sultane von Sansibar bis Oman nunmehr verstärkt Nutzen aus dem Steppenelefanten und den Eingeborenen: Sie treiben regen Handel mit Stoßzähnen und Sklaven, wobei das Elfenbein von Schwarzen transportiert werden muß. Benötigt man lebende Elefanten, so greift man auf Asiatische zurück.

Religiöse Verehrung des Elefanten in Afrika

Der ursprüngliche Bezug der Afrikaner zu ihren Elefanten ist sehr wahrscheinlich religiöser Natur. So werden z. B. die Elefanten des Ruwenzori im Grenzgebiet der heutigen Staaten Zaire und Uganda, die zu den größten Vertretern ihrer Gattung gehören, aufgrund ihres plötzlichen Erscheinens und Verschwindens mit Bergen in der nebligen

Mehrere (Unter)-Arten des Afrikanischen Elefanten wurden sporadisch gezähmt. Mit Sicherheit läßt sich dies für den Maghreb, Nubien und Äthiopien feststellen. Dieses Relief aus dem Sudan zeigt einen reichgeschmückten Elefanten bei der Bewachung Gefangener.

Gebirgswelt verglichen und von den
Watussi als Himmelsgeschöpfe verehrt.
Darüber hinaus existiert in etlichen
Gebieten ein Totemkult. Er verbietet, heilige Tiere zu berühren, zu töten oder zu
essen. Dies gilt für Elefanten im Gebiet
der Bambera im Sudan als auch für die
zu den Bantus gehörenden Ndau im Gebiet des heutigen Zaire und Mosambik.

Der religiösen Verehrung folgt eine
Phase, die beinah als beschreibende
Beobachtung im Sinne empirischer
„Forschungen" verstanden werden kann.
Ein Beispiel dafür bietet die unter dem
griechischen Namen Periplus (Umschif-
fung/Küstenbeschreibung) bekannt-
gewordene Übersetzung des Berichts
von Hanno, dem karthagischen Seefah-
rer. Dieser schildert den um das Jahr
510 v. Chr. unternommenen Versuch,
Afrika – auf der Suche nach Kolonien –
zu umsegeln. Hierbei stößt er im Golf
von Guinea bis zum „Götterwagen"
(wahrscheinlich dem Kamerunberg) vor.
Unter anderem berichtet er von einer
abenteuerlichen Begegnung mit unbekannten Tieren, bei denen es sich aller

Wahrscheinlichkeit nach um Gorillas handelt, sowie über
Elefanten, die in einer Sumpflandschaft im Mündungs-
gebiet des Wadi Draa, an der Atlantikküste Marokkos, leben.

Später wird der Elefant aufgrund der ihm nachgesag-
ten positiven Eigenschaften respektiert. Er gilt als Symbol
der Langlebigkeit, Macht, Weisheit und Gerechtigkeit.
Diese Auffassung trifft Alfred Brehm während seiner Rei-
sen durch Afrika immer wieder an, vor allem in islamisch
geprägten Ländern. So schreibt er in seinem „Tierleben":
„Elefanten", sagte mir ein Scheich am Blauen Flusse,
„werden dir nichts zuleide tun, wenn du sie in Frieden läßt,
wie sie mir und meinen Vorfahren nie etwas getan haben.
Wenn die Zeit der Ernte herankommt, hänge ich an hohen
Stangen Schutzbriefe auf, und diese genügen den gerech-
ten Tieren, denn sie achten das Wort des Gottgesandten
Mohammed – über welchem der Friede des Allbarmherzi-
gen walten möge! Sie fürchten die Strafe, die den Gottes-
lästerer ereilen wird: sie sind eben gerechte Tiere!"

Kurz aber prägnant
läßt sich das Ver-
hältnis der Afrikaner zu
ihren Elefanten auf zwei
Begriffe reduzieren:
Fleisch und Elfenbein
(rechts eine Statuette
aus Elfenbein). Um bei-
des zu bekommen, wer-
den die Elefanten seit
Jahrtausenden getötet.
Die Jagd mit (vergifte-
ten) Lanzen war sehr
gefährlich und galt als
Männlichkeitsbeweis.

Heutzutage reduziert sich das Verhältnis zum Elefanten darauf, daß er große Mengen Fleisch für die Ernährung, Leder für Armbänder, Schnüre und Sattlereiwaren,
Haare für Schmuck sowie Stoßzähne für Handwerk,
Schmuckherstellung und vor allem für den Export liefert.
All dies macht heutzutage nur einen toten Elefanten zu
einem wertvollen Elefanten.

Bestimmte zwergwüchsige Völker, so die Pygmäen
oder die Fang, welche an der afrikanischen Westküste rund
um den Äquator beheimatet sind, glauben, daß sich ihre
toten Anführer in Elefanten verwandeln. Vorrangig sollen
sie dabei die Gestalt von Leittieren annehmen. Diese
werden – wie es sich gegenüber Anführern geziemt – geachtet und verehrt. Allerdings sind diese Achtungsbeweise
ganz eindeutig pragmatisch motiviert; angeblich dulden
und begünstigen die so behandelten Leittiere nämlich die
Tötung von Mitgliedern ihrer Gruppe. Außerdem versucht
man in Afrika mit den unterschiedlichsten magischen

Praktiken, das Jagdglück zu beschwören und sich vor der Rache des Opfers zu schützen. Gerade weil die Jagd als Beweis für Mut und Tapferkeit gilt, birgt sie tödliche Gefahren für die Jäger. Die Kru, ein in der Tiefebene des Cavally (Elfenbeinküste) heimischer Stamm, pflegen folgende Vorbereitung: Die Blüte der Raphia-Palme, deren Stempel einem Stoßzahn ähnelt, und ein morchelähnlicher Pilz werden zusammen in einem Mörser zerstoßen. Mit der so gewonnenen Paste reiben sich die Jäger ein. Mehrere Nächte hindurch tanzt des ganze Dorf; die Jäger müssen sich in dieser Zeit in sexueller Enthaltsamkeit üben.

Entlang des Ogowe, der durch Kongo und Gabun fließt, leben die Mindassa. Diese haben einen „Nganga djoko", einen Meister der Elefantenriten, dessen Amt zumeist vom Häuptling des Dorfes wahrgenommen wird. Der „Nganga djoko" zieht sich am Vorabend der Jagd für den Beischlaf mit seiner Frau in seine Hütte zurück. Während der Jagd muß die Frau des „Nganga djoko" in der Hütte versteckt bleiben und darf erst nach erfolgreicher Jagd wieder hervorkommen. Dann muß sie aus dem abgeschnittenen Rüssel des erlegten Tieres Blut trinken.

Auf dem sich anschließenden Fest gibt der „Nganga djoko" große Verzweiflung vor und vergießt Tränen über den Tod des edlen Tieres. Dies mag ein Anhaltspunkt für das Bemühen sein, mit der Natur in „Einklang" leben zu wollen. Nur einige wenige Tiere werden getötet. Denn der unermeßliche Fleischberg eines erlegten Elefanten, an der Luft getrocknet, kann eine Sippe wochen-, ja monatelang ernähren.

Die drastische Abnahme der Elefantenpopulationen Afrikas beruht aber nicht etwa auf einer Intensivierung der Elefantenjagd zur Sicherung der eigenen Nahrungsgrundlage; ihre Ursache liegt vielmehr in der Jagd nach dem Elfenbein.

Die Jagdtechniken der Hottentotten sind bekannt. Löwen werden aufgrund ihrer Gefährlichkeit für Mensch und Tier mit vergifteten Pfeilen beschossen und dann aus der Nähe mit Keulen und Lanzen erlegt. Nicht selten endet eine solche Jagd für den einen oder anderen Jäger tödlich oder mit schweren Verletzungen. Die Jagd auf den Elefanten geschieht auf ähnliche Weise. Dieser Stich aus dem 17. Jahrhundert veranschaulicht vor allem die den Hottentotten nachgesagte Wehrhaftigkeit und Furchtlosigkeit.

Tem est bestia elephans nomine. Phisiologus dicit de eo
qui intellectum magnum habet in se. Concupiscentiam
uernis minime in se habere dī. Tempore cum uoluerit
filios pcreare. uadit in orientem cum femina sua usq̄ in
primum paradisi. Est autem ibide̅ herba mandragora
nomine. de cui̅ fructu femina prior degustet. Et tu̅c mas
culum illuc deducet. ut p̄sius manducet. Postquam
uero manducauerit ambo conuenient sibi statimq̄ co̅
capit. Cum aute̅ uenerit tempus pariendi. p̄git ad la
cum magnum ⁊ ingreditur usq̄ ad ubera ⁊ ibidem par
turit super aquam ⁊ hoc pꝑter draconem facit ꝑsidia

DRITTES KAPITEL

ERINNERUNGEN DES ABENDLANDES

Innerhalb der letzten zweieinhalb Jahrtausende haben sich im Abendland sehr unterschiedliche Einstellungen zum Elefanten entwickelt. Heutzutage denkt man bei dem Wort Elefant meist lediglich an Zoo, Zirkus, Elfenbein, Walt Disneys „Dumbo" oder gar an „Benjamin Blümchen". Die alten überlieferten Bedeutungen sind dagegen in Vergessenheit geraten: Der Elefant ist zum „Plüschtier" oder zur Handelsware verkommen.

Der „Physiologus" (links) berichtet uns: „Der Elefant hat keine Kniegelenke, er wird in Gefangenschaft nie trächtig, er hat ein geringes ‚Frühlingsverlangen' und begibt sich zur Zeugung seiner Kinder in die Nähe des Paradieses, dort kommt es erst zu der heimlichen Paarung, nachdem beide Elefanten von den Früchten der Alraune gekostet haben."

Der Überlieferung nach ist Pyrrhus der erste Feldherr, der Kriegselefanten auf europäischen Kriegsschauplätzen eingesetzt hat. Jedoch ist er in erster Linie durch verlustreiche Siege in Erinnerung geblieben, die den Begriff „Pyrrhussieg" geprägt haben. Später verliert der karthagische Feldherr Hamilkar Barkas auf Sizilien etwa 120 Elefanten im Kampf gegen die Römer unter dem Kommando von Caecilius Metellus. Obwohl die eroberten Elefanten in einem spektakulären Triumphzug nach Rom geführt wurden, hat dieses Ereignis kaum Spuren hinterlassen. Dagegen hat sich der Zug Hannibals mit den Elefanten über die Alpen fest in unserem Gedächtnis verankert.

Historische Zoologie

Der Erzieher Alexanders des Großen, der Arzt und Philosoph Aristoteles, ergreift als erster in Europa die Gelegenheit, über die Anatomie des Elefanten zu berichten. In seinen Tierbeschreibungen weist er schon auf die nierenständige Lage der Hoden beim Elefantenbullen hin. Der römische Dichter Lucretius beschreibt den Elefanten als ein Tier, das zwischen den Augen als Hand eine Schlange hat. Und der größte Universalgelehrte Roms, nächst Aristoteles der einflußreichste Biologe des klassischen Altertums, Plinius d. Ä., beschreibt in seiner „Naturalis historia" den Elefanten als das Tier, dessen Verstand dem des Menschen am nächsten kommt. Weitere Autoren berichten übereinstimmend, daß der Afrikanische Elefant kleiner und schwächer sei als der im Kampf gefürchtete Indische. Der Größe nach wird der Afrikanische Elefant zwischen dem Indischen und dem großen Pferd von Mykene eingeordnet.

Die Darstellungen von Elefanten sind in der griechisch-römischen Welt relativ genau. Dies ist nicht weiter verwunderlich, da häufig Gelegenheit bestand, Elefanten zu studieren. Ganz anders verhält es sich in der mittelalterlichen westlichen Welt. Innerhalb von 1000 Jahren war hier nur ein einziger Elefant, der berühmte „Abul Abbas" Karls des Großen zu bewundern. Ansonsten gab es nur vage Beschreibungen, die zu so ungenauen Darstellungen wie im „Physiologus" (S. 72) führten.

Dies ist ein deutlicher Hinweis darauf, daß es zu dieser Zeit noch die nordafrikanischen Elefanten in reicher Zahl gegeben haben muß. Gern werden diese kleinwüchsigen Elefanten von den Römern für ihre Zirkusspiele eingesetzt, da Kämpfe zwischen ihnen und Löwen, Nashörnern oder Stieren stets einen ungewissen Ausgang haben. Indische Elefanten hatten dagegen aufgrund ihrer ständigen Siege zur Langeweile im Zirkus beigetragen. Die Elefanten, die Pyrrhus 280 v. Chr. bei Heraclea in Lukanien gegen die Römer einsetzt, werden als „lukanische Rinder" bezeichnet. Grund dafür sind die Stoßzähne der Elefanten, die damals als das wichtigste Erscheinungsmerkmal dieser Tiere angesehen und „Maulhörner" genannt werden. Denn Rinder sind die einzigen Tiere mit vergleichbaren Hörnern.

Der Mittlere und der Nahe Osten

Wie wir durch Darstellungen aus dem Neolithikum wissen, lebten Elefanten einst auch in Ägypten. Doch bereits Ende des 4. vorchristlichen Jahrtausends waren sie ausgestorben. Aber die Eroberung Nubiens durch Sesostris II. (1897–1878 v. Chr.) oder die Handelsexpeditionen der Hatschepsut (1490–1468 v. Chr.) nach Punt sorgten immer wieder für Kontakte mit Elefanten bzw. Elfenbein. So soll Thutmosis III. (1490–1436 v. Chr.) im Jahr 1464 v. Chr.

Orpheus bezaubert die wilden Tiere. In diesem römischen Mosaik sind die dargestellten wildlebenden Säugetiere allesamt auf eine einheitliche Größe reduziert: ein Wildschwein, ein Bär, eine gesprenkelte Raubkatze mit einem besonders muskulösen Hals und einem löwenähnlichen Kopf (vielleicht ein Leopard aus dem Maghreb?), ein Vertreter der Familie der Equiden, der einem Wildesel ähnelt, ein Hirsch und ein Elefant, der aufgrund der Ohren, Stoßzähne und Rückenform eine asiatische Herkunft vermuten läßt.

am Fluß Chabur in Mesopotamien 120 Elefanten nur
wegen des Elfenbeins getötet haben. Sein „Lieblings-
general" Amenemhab soll ihm bei dieser Gelegenheit
das Leben gerettet haben, indem er einem angreifenden
Elefanten den Rüssel abschlug.

1903 beginnt unter der Leitung von Dr. J. Schumacher
die Ausgrabung der biblischen Stadt Megiddo durch
die Deutsche Orientgesellschaft. Neben den Stallungen
für 450 Pferde und den Hallen für 150 Wagen, deren Er-
bauung dem biblischen König Salomon zugeschrieben
wurde, bringen die Ausgrabungen besonders schöne
Elfenbeinschnitzereien zutage. Die ca. 400 katalogisierten
Stücke, u. a. Spielzeug, Kästchen, Löffel und Schmuck,
werden in das 12. Jahrhundert v. Chr. datiert. Zu dieser
Zeit jagte Tiglatpileser I. von Assyrien (1115 – 1078 v. Chr.)
am Chabur mesopotamische Elefanten; im Gegensatz
zu Thutmosis III. tötete er sie nicht alle, sondern er fing
vier Exemplare ein und brachte sie in seinen Zoo in
Assur. Noch um 870 v. Chr. wurden von Assurnasirpal II.
mesopotamische Elefanten gejagt. In Kalach hielt auch er
einige dieser Tiere in einem „Paradies" genannten Zoo.
Eine zeitgenössisches Dokument informiert uns über
eine seiner Jagdstrecken: 30 Elefanten, 450 Löwen, 200
Strauße. Angesichts dieses Jagdeifers verwundert es nicht,
daß der mesopotamische Elefant kurz darauf, während
der Regierungszeit Salmanassars III. (859 – 824 v. Chr.),
ausstarb.

Alexander der Große: Elefanten verhindern seinen Zug nach Indien.

Nachdem Alexander im Alter von 20 Jahren die Nachfolge
seines ermordeten Vaters Philipp II. von Makedonien ange-
treten hat, konzentriert er sich bis zum Ende seines Lebens
auf Kriegszüge. Nach der Schlacht bei Issos (333 v. Chr.)
schlägt er das Angebot Darius III. aus, die westliche Reichs-
hälfte an ihn abzutreten. Bei Gaugamela (331 v. Chr.) in
Assyrien trifft er zum zweiten Mal auf Darius III., der post-
hum zu seinem Schwiegervater avancieren sollte (Alexander
heiratet 324 v. Chr. bei der Massenhochzeit zu Susa die
Tochter des letzten Großkönigs, Stateira).

Außer daß Alexander bei dieser Schlacht seinen
Lieblingshund Peritas verliert, berichten uns die Ge-
schichtsschreiber, daß Darius, obwohl er in dieser Schlacht
15 Elefanten eingesetzt hat, vernichtend geschlagen wird

Pharao Psametik III.
(526 – 525) wurde bei
der Schlacht von Pelu-
sium, 35 km südöstlich
vom heutigen Port Said,
von dem Perserkönig
Kambyses II. (530 – 522)
besiegt. Er wurde gefan-
gengenommen und auf
Befehl seines Bezwin-
gers exekutiert. Die
Hinrichtung soll am
Fuße der Pyramiden
durchgeführt worden
sein, wobei die vorlie-
gende Darstellung stark
von den Berichten über
Napoleons Feldzug
gegen Ägypten (1798/
1799) beeinflußt ist.

und auf seiner Flucht den Tod findet. Für Alexanders Krieger war dies Zusammentreffen insofern günstig, als sie den Kampf gegen Kriegselefanten „üben" konnten.

Dies macht sich 326 v. Chr. am Dschilam (Hydaspes), dem westlichsten Pandschabfluß, bezahlt. Denn hier treffen sie auf den indischen König Poros mit einer Streitmacht von 30 000 Infanteristen, 4 000 Reitern, 300 Streitwagen und 200 Elefanten.

Obwohl Alexander diese Schlacht gewinnt, ist sie die verlustreichste seiner Karriere: Die Elefanten trampeln seine Infanterie nieder, bevor seine Bogenschützen und *Peltasten* die Mahouts herunterschießen und die Tiere schwer verwunden können. Diese kehren um und überrennen nunmehr

Der Obelisk des Salmanassar III. rühmt seine Erfolge.

die indische Infanterie. Die Schlacht wird schließlich gewonnen, weil das makedonische Heer trotz immenser Verluste nicht vor den Elefanten die Flucht ergreift. 80 Elefanten werden erbeutet. In dieser Schlacht soll Alexander auch sein Lieblingspferd Bukephalos (gr.: Stierkopf) verloren haben; tatsächlich befindet sich in der Nähe des letzten Kriegsschauplatzes des „Königs von Asien" ein Ort mit Namen Bukephala.

Poros wird zum Vasallen Alexanders und nach dessen Tod, sehr wahrscheinlich auf Veranlassung des Tschandragupta, ermordet. Der Sieg Alexanders am Dschilam aber war ein „Pyrrhussieg". Aufgrund der großen Verluste meutern seine Mannschaften und verweigern den Weitermarsch in die inneren Regionen Indiens. Der Rückweg führt zur Mündung des Indus und von dort aus durch die gedrosische Wüste über Susa nach Babylon, wo Alexander – sehr wahrscheinlich an Malaria – stirbt. Ptolemäus läßt ihn in Alexandria beisetzen.

Die Folgen der Schlacht am Dschilam sind von grundlegender Bedeutung für die Nutzung der Elefanten als Kriegswaffe. Denn durch diese Erfahrungen haben die Diadochen die Kraft der für sie neuen Waffe kennengelernt, integrieren sie in ihre Armeen und setzen sie in den Bruderkriegen ein, die dem Tode Alexanders folgen sollen. In den Heeren wächst die Zahl der eingesetzten Elefanten bis zu einer Stärke von 500 Tieren. Man übernimmt auch den „indischen Turm", durch den sowohl die Lenker als auch die Kampfbesatzung geschützt sind.

Der unten abgebildete Teller zeigt, daß Elefantensäuglinge der Mutter in den Kampf folgten. So beschreibt der römische Kriegshistoriker Florus, wie eine Elefantenmutter auf der Suche nach ihrem Kalb eine Panik unter den Soldaten von Pyrrhus hervorrief.

Pyrrhus, der geniale Taktiker

Im Jahr 282 v. Chr. verstoßen die Römer gegen ein Abkommen mit Tarent. Pyrrhus, der König von Epirus und Weltreisender in Sachen Verteidigung der griechischen Zivilisation, wird im Namen aller griechischen Städte Italiens zu Hilfe gerufen. Hilfstruppen sollen auch von den Lukaniern, Messapiern und Samniten gestellt werden. Bei der Überfahrt nach Tarent verliert Pyrrhus einen Großteil seiner Armee. Die Hilfstruppen lassen auf sich warten. Um den Kampfbeginn hinauszuzögern, bietet Pyrrhus den Römern Verhandlungen an, doch wollen diese die Entscheidung in der Schlacht suchen. Also zieht Pyrrhus die Initiative an sich und greift bei Heraclea (280 v. Chr.) an. Aber seine Reiter werden zurückgeschlagen, und die vorrückende Phalanx steht kurz davor, umzingelt zu werden. In diesem Augenblick setzt er seine Elefanten zusammen mit der thessalischen Reiterei ein: Diese Aktion besiegelt schließlich den Sieg des Pyrrhus. 60 km vor Rom kommt es dann zu Verhandlungen mit dem römischen Konsul Gaius Fabricius Luscinus. Doch dieser verschleppt die Verhandlungen, und wieder ergreift Pyrrhus die Initiative. Die zweite Schlacht findet bei Asculum (279 v. Chr.)

Die persischen Herrscher setzten Kriegselefanten ein, als sie ihren Machtbereich bis an die Grenze Indiens ausdehnten. Gleiches geschah bei Gaugamela, wo Darius III. auf Alexander den Großen traf. Die 15 dort eingesetzten Elefanten hatten allerdings kaum Übung, im Verband mit der Kavallerie zu kämpfen, und erbrachten daher nicht die gewünschte Wirkung. Letztendlich halfen sie nur, die Flucht des Großkönigs zu ermöglichen.

in Apulien statt. Nach einem Tag mit gleich hohen Verlusten auf beiden Seiten führen die Elefanten am zweiten Tag den Sieg herbei, der aber diesmal ein echter Pyrrhussieg ist. Nachdem die Römer alle weiteren Verhandlungen ablehnen, bricht Pyrrhus zum Ärger der Tarenter seinen Kriegszug ab und schifft sich nach Sizilien ein. Dort will er den griechischen Städten gegen Karthago Beistand leisten. Aber auch hier verschwindet er überraschend schnell, nachdem er die Karthager am Eryx (278 v. Chr.) geschlagen hat.

Zurück in Italien, unterliegt er den Römern in Beneventum (275 v. Chr.) und fällt letztendlich im Straßenkampf in Argos (273 v. Chr.), wo einer seiner Elefanten stürzt, dabei

Während des Ersten Punischen Krieges landet der römische Feldherr Marcus Atilius Regulus in Afrika in der Nähe von Tunis (255 v. Chr.). Hier stellt er überzogene Friedensbedingungen, und so kommt es zur Schlacht. Der karthagische Feldherr Xanthippos läßt die römischen Legionen von seiner Kavallerie einkreisen. Da die Römer zu viele Formationen hintereinander aufgestellt haben, werden sie in großer Anzahl von ca. 100 Elefanten überrannt und anschließend von dem karthagischen Fußvolk vernichtend geschlagen. Regulus betritt in Ketten die Stadt, die er schon in seiner Macht geglaubt hat.

ein Tor versperrt und so seinen Soldaten das weitere Vordringen in die Stadt unmöglich macht.

Der Erste Punische Krieg

Der Tyrann von Syrakus, Agathokles (360–289 v. Chr.), war lange ein Gegenspieler der Karthager im Kampf um Sizilien. 317 erringt er die Herrschaft über die Insel und bekämpft die Karthager – bis 307 auch in Afrika – erfolgreich. Die Mamertiner, von Agathokles gedungene Söldner, bemächtigen sich nach seinem Tod der Stadt Messina und gründen ihr eigenes Reich. Von Hieron II. (306–214), Feldherr von Syrakus, angegriffen, rufen sie gleichzeitig die Römer und die Karthager zu Hilfe: Dies ist der Auslöser für den Ausbruch des Ersten Punischen Krieges.

Seine erste Bekanntschaft mit den karthagischen Elefanten macht der Konsul Regulus in der Schlacht bei Tunis. Von dort stammt auch der erste Bericht über den Kriegseinsatz Afrikanischer Elefanten. Fortan vermeiden es die Römer, diesen Kolossen auf offenem Gelände gegenüberzutreten. Aber in der Schlacht von Palermo (250 v. Chr.) stehen

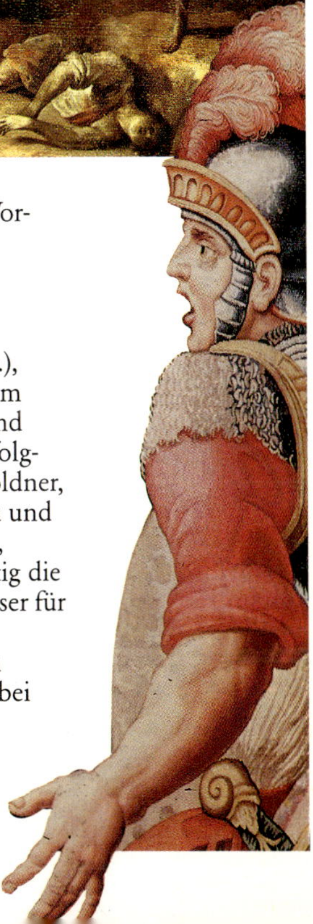

Metellus „Elefantenabwehrtruppen" zur Verfügung; diese lenken die Aufmerksamkeit der Tiere zunächst auf sich und versuchen sie sodann mit Speeren, Pfeilen und Spießen zu verletzen und die Kornaks zu töten. Diese Taktik hat insofern Erfolg, als sich die Elefanten gegen die eigenen Truppen wenden. 104 Elefanten sollen gefangengenommen und nach dem Triumphzug des Metellus in Rom im Zirkus niedergemetzelt worden sein.

Hannibal überquert die Alpen.

Hannibal verläßt im Jahr 219 v. Chr. mit ca. 40 Elefanten Spanien, um Rom von Norden her anzugreifen. Die große Entfernung, die den Nachschub anfänglich erschwert und letztendlich verhindert, sowie die zu überwindenden Hindernisse machen dieses Unternehmen zu einem Wagnis. Nachdem der Ebro überschritten und die Pyrenäen am Paß von Perche überquert worden sind, stellen die reißenden Wasser der Rhône das erste große Problem dar, zumal sich die Gegner am östlichen Ufer verschanzt haben.

Die ersten größeren Hindernisse auf Hannibals Zug gegen Rom sind landschaftlich bedingt, denn es gilt, die Rhône zu überqueren. So baut man drei Flöße von 30 m Breite und 60 m Länge. Zwei werden hintereinander am Ufer befestigt und mit Erde bedeckt, um den schwankenden Boden zu verdecken und so die Elefanten ruhigzuhalten. Das dritte, ebenfalls mit Erde abgedeckte Floß ist beweglich und soll die Elefanten an das andere Ufer bringen.

Jedoch können sie nach einem Umgehungsmanöver unter der Leitung von Hanno, einem Sohn des karthagischen Flottenkommandanten Bomilkar, vertrieben werden.

Zur gleichen Zeit planen die ahnungslosen römischen Konsuln einen Doppelschlag: Publius Cornelius Scipio versucht über Marseille nach Spanien und Tiberius Sempronius über Sizilien nach Afrika zu gelangen: Beide wollen den Krieg offensiv von ihren Zielorten aus führen. Daher hat Hannibal zunächst vorwiegend nur gegen geländebedingte Schwierigkeiten und klimatische Widrigkeiten anzukämpfen.

Die „Leitkuh" wird als erstes Tier auf das Floß geführt; die anderen Elefanten folgen ihr. Zunächst geht die Überfahrt problemlos vonstatten. Doch später, als sich das Floß in der Flußmitte befindet, bricht eine Panik aus: Die Elefanten fallen oder springen in den Fluß, dennoch erreichen alle schwimmend das gegenüberliegende Ufer. Dagegen ertrinken einige Kornaks in den Fluten.

Doch sind die Elefanten in den Alpen eine große Hilfe:
Sie können durch Steinschlag versperrte Pfade freilegen,
Pisten anlegen sowie schwere Lasten transportieren. So
erreicht Hannibal schließlich Ende des Jahres 218 v. Chr.
mit 26 000 Soldaten, und ohne einen Elefanten verloren zu
haben, die Ebene des Po.

Die Schlacht an der Trebia

Beide Konsuln, die in aller Eile zurückgekommen sind,
vereinen ihre Kräfte, während Hannibal seine erschöpften
Truppen reorganisiert. Nach ersten Begegnungen am
Ticinus kommt es an einem kalten Dezembertag des Jahres
218 v. Chr. zur Schlacht an der Trebia. Die Römer sind zwar
zahlenmäßig überlegen, doch Hannibals taktisches Genie
triumphiert. Nachdem schon vor Beginn der eigentlichen
Schlacht die römische Reiterei außer Gefecht gesetzt
worden ist, greift seine eigene Reiterei an. Während die
Römer standhalten, gruppiert Hannibal seine Truppen im
Schutz des aufgezogenen Nebels um. Er stellt alle Elefanten zu einer geschlossenen Formation auf und läßt sie
sodann angreifen. Die Römer fliehen vor den Kolossen
und rennen in einen Hinterhalt, den Hannibals jüngerer
Bruder Mago mit seiner Kavallerie und einigen Infanteristen aufgebaut hat. Damit ist die Schlacht für die Römer
verloren. Nur wenige Überlebende erreichen Piacenza.

  Auch für die Afrikanischen Elefanten sind die Folgen
der Schlacht tödlich. Keiner von ihnen überlebt
die Schlacht lange, was gewiß eine Folge
der Strapazen und Entbehrungen während der Überquerung der Alpen und
der sich anschließenden Kampfhand-
lungen ist. Nur ein Asiatischer Elefant,
das Reittier Hannibals, überlebt.
Hannibal selbst verliert nach seinem
Sieg ein Auge. Decimus Junius Juvenal
(58 – 140), einer der ersten Satiriker,
dichtet hierauf den Vers vom „ein-
äugigen Führer auf dem *gätulischen*
Elefanten".

Elefanten als lebende Panzer

Im Kampfeinsatz trägt der Elefant
einen Turm aus Weidengeflecht oder

In der Schlacht an
der Trebia vollzieht
sich der Angriff der
Elefanten gegen eine
vielfach gestaffelte
Kampflinie der Römer,
die fast alle zum ersten
Mal diese Kolosse
sehen. Denn es ist
bereits 34 Jahre her, daß
römische Soldaten auf
Sizilien unter ihrem
Befehlshaber Metellus
auf die über 250 Afrika-
nischen Elefanten des
Hamilkar Barkas gesto-
ßen sind. Dieser Um-
stand erklärt die Panik
der Römer an der Trebia.

Holz auf seinem Rücken. Dieser Turm ist mit zwei bis
vier Männern besetzt, die Pfeile, Speere und Spieße ver-
schießen. Der Elefantenführer selbst sitzt ungeschützt auf
dem Hals des Elefanten und ist zumeist das erste Ziel der
Gegner. Zudem hat er die schwierige Aufgabe, sein Tier
zu zügeln und innerhalb einer Schlacht zu dirigieren.

Extra ausgebildete Elefantenabwehrverbände haben
sich bald ein reiches Repertoire an wirkungsvollen Arten
der Kriegsführung mit Elefanten erarbeitet. An erster Stelle
stehen die Distanzwaffen: Mit langen Speeren wird der
gegnerische Elefant und sein Führer angegangen, oder das

Tier wird mit Pfeilen, die mit Pech oder Öl getränkt und in
Brand gesteckt worden sind, beschossen. Aus der Nähe versucht man vorzugsweise die Achillessehnen der Hinterbeine zu durchtrennen, was den Elefanten unmittelbar zu
Fall bringt. Auch die Verletzung des empfindlichen Rüssels
mit einer gekrümmten Sense fügt dem Gegner großen
Schaden zu. Die so gepeinigten Tiere rennen verängstigt
und führungslos umher und bilden sogar für die eigenen
Truppen eine große Gefahr. Um Katastrophen zu vermeiden, wird notfalls das Tier geopfert.

Hasdrubal, ein anderer Bruder Hannibals, wird in der
Schlacht am Metauro (207 v. Chr.) getötet. Seinen abge-
schlagenen Kopf lassen die Römmer Hannibal zukommen.
In der Schlacht soll er noch eine Methode erprobt haben,
in Panik geratene Elefanten zu töten, indem er ihnen einen
Meißel in das Genick treiben ließ.

Trotz dieser historischen Belege bleibt der Einsatz
von Kriegselefanten in Europa eher die Ausnahme und
zudem auf die drei Jahrhunderte beschränkt, die zwischen
Alexander dem Großen und Caesar liegen. Der gewaltige
Überraschungseffekt und die damit verbundene Angst

In Rom veranstalten
die siegreichen Kon-
suln einen Triumphzug.
An der Spitze marschie-
ren die besonders erfolg-
reichen Legionen, dar-
auf folgen die besiegten
Feinde. Curius Denta-
tus, Konsul der Jahre
290, 284 und 275, führt
in seinem Triumphzug
nach dem Sieg über
Pyrrhus bei Beneventum
(275) eine Quadriga ge-
fangener Elefanten vor.

seitens der Gegner können kaum die Nachteile dieser Waffe kompensieren: Eine ausgearbeitete Kriegsstrategie läßt sich mit diesen Tieren kaum umsetzen.

Blutige Arenen

Nachdem die Römer bei Heraclea (280 v. Chr.) vier Elefanten erbeutet hatten, werden in unregelmäßigen Abständen immer wieder Elefanten, teilweise bis zu 100 auf einmal, nach Rom gebracht. Hier müssen sie im Zirkus gegen Löwen, Panther oder Tiger auftreten. Diese Kämpfe Tier gegen Tier dienen in erster Linie der Schaulust des Publikums. Manchmal müssen die erbeuteten Elefanten auch gegen Menschen kämpfen. Zu diesem Zweck werden die kleinwüchsigen nordafrikanischen Elefanten bevorzugt.

Dabei galt im römischen Zirkus die Regel, daß das unterlegene Tier zu sterben hat, genauso wie es noch heute bei den spanischen Corridas der Fall ist. Während der Spiele, die Gnaeus Pompejus Magnus (106 – 48), einer der Gegenspieler Caesars, anläßlich der Eröffnung seines Theaters im Jahr 55 veranstaltet, kämpfen 18 Elefanten gegen

Dieses Mosaik stellt die Jagd und die Verschiffung der für die Zirkusspiele vorgesehenen wilden Tiere dar.

Gätuler. Diese sind aus ihrer Heimat mit der Elefantenjagd gut vertraut; dadurch haben sie gute Chancen, den Kampf zu gewinnen. Hieraus läßt sich noch ein anderer Sinn für die Schaukämpfe mit Elefanten ableiten: Den Römern sollte die Furcht vor den Elefanten genommen werden, indem ihnen gezeigt wurde, daß diese Kolosse nicht unbesiegbar sind. Plinius berichtet sehr lautmalerisch über solche Kämpfe. Es folgen die Spiele unter den Kaisern Caesar, Claudius und Nero. Hier war der Zweikampf mit einem Elefanten Höhepunkt und oft auch Ende der Karriere eines Gladiators. Neros Lehrer, der Philosoph und Tragödiendichter Seneca (4 v. Chr. – 65. n. Chr.), berichtet mit Abscheu über solche Kämpfe; sie seien unwürdig, weil diese intelligenten Tiere etwas Menschliches an sich hätten.

Der Imperator Commodus (161 – 192), ein Sohn Marc Aurels, konnte es in vielen Belangen mit Nero aufnehmen. Er übertrifft ihn aber insofern, als er dreimal im Zweikampf einen Elefanten tötete, was in seinen Augen nur ein Beweis seiner eigenen Göttlichkeit sein konnte.

Eines der am meisten besuchten und beliebten „Spiele" der Römer besteht darin, Tiere aufeinanderzuhetzen, die sich in der freien Wildbahn nicht bekämpfen bzw. gewöhnlich gar nicht zusammentreffen. Für Nervenkitzel sorgen diese Kämpfe aufgrund ihres ungewissen Ausgangs: Ein Stier kann unter Umständen einen einzelnen Löwen töten, ein junger Elefant bzw. ein einzelner nordafrikanischer Elefant einem Tiger, einem Löwen oder einem Nashorn unterliegen.

Frömmigkeit und Keuschheit

Die Vorstellung, daß der Elefant besonders fromm und keusch sei, hat ihren Ursprung vor allem im „Physiologus", der Hauptschrift christlicher Natursymbolik. Von seiner Entstehung im 4. Jahrhundert n. Chr. an besitzt er für mehr als 1000 Jahre Gültigkeit und bedeutet das Ende der wissenschaftlichen Zoologie der Antike. So wird dem Elefanten unterstellt, er habe keine Begierde nach Vereinigung, genauso wie Adam und Eva, bevor diese aus dem Paradies vertrieben wurden. Ebenso soll er sich während der Geburt, wie Maria, von der Bedrohung durch die Schlange schützen, wachsam sein und diese zerstampfen, sobald er sie findet.

Vom Kriegstier zum königlichen Geschenk

Nachdem die Kriegselefanten, kurze Zeit später auch die Zirkuselefanten, von den europäischen Schauplätzen verschwunden sind, reduziert sich das Wissen um diese Tiere auf die Angaben antiker Autoren. Es ist deshalb nicht weiter verwunderlich, daß die mittelalterlichen Darstellungen, denen lebende Vorbilder fehlen, häufig unfreiwillig ein Zerrbild des Elefanten zeichnen: Große, flache und hängende Ohren, rammbockähnliche Stoßzähne, Eckzähne wie die Hauer eines Ebers, ein Schweinerüssel sowie der Körper eines

Pferdes oder Schweines kennzeichnen die damaligen Abbildungen.

Im Mittelalter gelangten Elefanten vereinzelt als fürstliche Geschenke an die Höfe großer Könige, wobei die ersten Exemplare durchweg von Herrschern stammen, in deren Reich Elefanten wohlbekannt sind und als Zeichen von Macht und Reichtum gelten. Der erste Elefant, der nach Hannibal nördlich der Alpen anzutreffen ist, ist Abul Abbas, den Karl der Große 802 als Geschenk von Harun al-Raschid in Aachen entgegennimmt. Doch bereits zwei Jahre später, zu schnell, um in der karolingischen Kunst Spuren zu hinterlassen, stirbt er bei einer Überquerung des Rheins.

Der nächste Elefant, der Europa erreicht, wird 1228 Friedrich II. von Frankreich vom Aijabiden-Sultan

Im Mittelalter sind vom Elefanten nur der Rüssel und seine „Maulhörner" in Erinnerung geblieben. Daraus entstehen diese völlig falschen Illustrationen, von denen sich zumindest die mittlere Zeichnung stark unterscheidet. Denn diese wurde nach einem lebenden Elefanten angefertigt, den Ludwig IX. Heinrich III. von England zum Geschenk gemacht hatte.

Al-Kamil geschenkt. Ludwig XI., genannt der Heilige, bringt 1255 vom sechsten Kreuzzug einen Afrikanischen Elefanten mit in die Heimat. Der Chronist Matthaeus Paris würdigt dieses besondere Ereignis dadurch, daß er diesen Elefanten sowohl in seiner „Chronica maiora" als auch in seinem Werk „Das Leben der Äbte von Saint-Alban" darstellt. Noch im gleichen Jahr schenkt Ludwig das Tier seinem Schwager Heinrich III. von England. Allerdings soll der Elefant bereits 1258 in der *Menagerie* des Tower zu London verendet sein.

In der Folge sind es vor allem die Könige von Portugal, die diversen Herrschern Elefanten als Präsent zukommen lassen. Sie selbst erhielten diese Tiere zuvor als Tribut indischer Fürsten. Am bekanntesten werden Hanno, den Manuel II. 1514 Papst Leo X. schenkt, sowie Soliman, den Kaiser Maximilian II. zu seiner Hochzeit 1552 von Johann III. erhält. Die zahlreichen Gasthäuser „Zum Elefanten", die noch heute in Bozen, Brixen, Innsbruck, Linz, Trento und in vielen anderen Orten zu finden sind, erinnern an den Weg, den Soliman zurücklegt, um Wien zu erreichen.

Elefanten im Zirkus des 19. Jahrhunderts

Einer der „menschlichsten" Elefanten dieser Zeit ist Baba vom Circus Franconi. Als „Elephant gastronome" schmaust er mit seinem Führer an einem Tisch sitzend, gibt die leeren Teller zurück und schellt nach der Bedienung. Was sein Führer fallen läßt, hebt er wieder auf, sei es nun der Hut, eine Peitsche oder ein Schnupftuch. Er bläst auf einer Trompete, entkorkt Flaschen und feuert eine Pistole ab.

Aber der bekannteste Elefant aller Zeiten ist Jumbo. Im Alter von etwa fünf Jahren gelangt er 1865 in den Zoo von London. Dort ist er 16 Jahre lang die Hauptattraktion. Innerhalb dieser Zeit dürfte er über eine Million Kinder, darunter auch die späteren Politiker Churchill und Roosevelt auf seinem Rücken getragen haben. Das Vergnügen der Kinder findet allerdings ein jähes Ende, als Jumbo zum ersten Mal in Musth kommt. Nur sein Wärter Mathew Scott

Der Elefant am Place de la Bastille in Paris war jedermann bekannt und firmierte bald unter dem Namen „Gavroche", d. h. Straßenjunge. Napoleon hatte ihn 1806 in der Mitte eines geplanten Brunnens errichten lassen. Allerdings handelte es sich lediglich um ein naturgetreues Modell aus Holz und bemaltem Gips, das später durch ein Denkmal aus Stein und Bronze ersetzt werden sollte. Hierzu ist es aber nie gekommen.

kann sich ihm in dieser Zeit ungefährdet nähern. In dieser Situation akzeptiert der Londoner Zoodirektor das Kaufangebot des amerikanischen Schaustellers Barnum in Höhe von 10 000 Dollar. Sobald der Vertrag bekannt wird, rebelliert ganz England und versucht den Verkauf zu verhindern. Einige radikale Jumbofreunde verlangen gar eine Kriegserklärung an die Vereinigten Staaten.

Für Barnum ist dieser Presserummel die beste Reklame, die er sich denken kann. Er verdient viele tausend Dollar an der Präsentation des populären Dickhäuters.

Entzauberung eines Mythos

In Europa hatte man den Elefanten als schreckenverbreitendes Kriegstier sowie als prestigeträchtiges Präsent und Symbol der Macht kennengelernt. Daneben hatte auch die mittelalterliche Charakterisierung des Tieres, insbesondere die des „Physiologus", bis in das 17. Jahrhundert hinein Gültigkeit: Der Elefant war das Sinnbild für Frömmigkeit, Geschicklichkeit, Enthaltsamkeit, Barmherzigkeit, Milde, Intelligenz, Treue, Gerechtigkeit etc. Diese Eigenschaften werden ihm nun aber durch die wiedererwachende wissen-

Der Berliner Zoo gilt lange Zeit als Modelleinrichtung in Europa. Die Elefanten dürfen von den Besuchern selbst gefüttert werden. Erst mit Beginn der Haltung Afrikanischer Elefanten wird dies aus Sicherheitsgründen untersagt.

schaftliche Naturforschung in Abrede gestellt. Daneben wird er als Symbol unbezwingbarer Stärke präsentiert.

Früher Beleg dafür ist der von Napoleon in Auftrag gegebene Elefant auf dem Place de la Bastille. Das Denkmal soll, nachdem Napoleon zum Kaiser gekrönt worden ist (1804), den Ruhm der französischen Armee und des Kaisers verherrlichen. Wie die Herrschaft Napoleons hat aber das Modell aus Gips und Holz keinen Bestand. Ein weiteres Indiz liefern die Nordamerikaner: 1854 vereinigen sich dort die Gegner der Sklaverei zur Republikanischen Partei und küren den Elefanten zu ihrem Symbol.

Spätestens mit dem „Stahlelefanten" von Jules Verne (1880) ist offensichtlich, daß der technische Fortschritt

Alles beginnt mit Jumbo: Von da an ist das Bestreben der amerikanischen Zirkusbesitzer darauf gerichtet, so viele Elefanten wie möglich zu präsentieren. Um 1900 nennt der Zirkus Ringling Bros, Barnum & Bailey ca. 50 Elefanten sein eigen.

Dieses Bild thematisiert das Verhältnis von Natur und Technik zu Beginn des Industriezeitalters: Der Elefant (die Natur) muß stehenbleiben, während der Schaufelraddampfer (die Technik) den eingeschlagenen Weg in voller Fahrt fortsetzt.

bereits die vermeintlich unbezwingbaren Kolosse überholt hat. Jules Verne erfindet in seinem Roman einen dampfgetriebenen Maschinen-Elefanten, so groß wie ein ausgewachsener Elefant, der alles niederwalzt, was sich ihm in den Weg stellt, selbst Elefanten aus Fleisch und Blut.

Tatsächlich ereilt den populären Jumbo ein ähnliches Schicksal: Im September 1885 stößt er mit einer Dampflokomotive zusammen und ist auf der Stelle tot. Die allgemein formulierte Befürchtung Jules Vernes, daß die „Elefanten" des Industriezeitalters das Verschwinden der Riesen der Vorzeit bewirken könnten, hat ein konkretes Beispiel gefunden.

Kaum ist der größte Elefant aller Zeiten tot, warten die Amerikaner mit einem neuen Superlativ auf. Von dem Ehrgeiz besessen, alles, was sie errichten, in möglichst gigantischem Maßstab auszuführen, bauen sie auf der „Kanincheninsel" ein riesiges Vergnügungszentrum.

1885 berichtet hierüber die „Illustrierte Zeitung", daß ein ca. 45 m langer und fast genauso hoher Elefant aus Stahl und Holz Mittelpunkt des Parks sei. Die Hinterbeine enthalten Wendeltreppen, und insgesamt 34 Zimmer füllen den Körper. Der größte Raum hat eine Grundfläche von 24,3 x 9,7 m, und das Gesamtgewicht beträgt 100 000 t.

Die Deutschen eifern den Amerikanern nach und schaffen im Hippodrom in Berlin (1892) ein kleineres Imitat; es erreicht eine Höhe von 14 m und beherbergt in seinem Innern eine Bühne.

Heutzutage verwenden noch Sprichwörter und Redewendungen den Elefanten als Synonym für Größe: Aus einer Mücke einen Elefanten machen (etwas Kleines übermäßig aufbauschen), den Elefanten spielen (die Aufmerksamkeit auf sich lenken), die Elefantenrunde (Gesprächsrunde der Spitzenpolitiker vorzugsweise an Wahlabenden).

Millionen kleiner Leser kennen den vermenschlichten Elefantenkönig Babar (rechts) von Jean de Brunhoff.

Elefanten bürgen für Belastbarkeit, Langlebigkeit oder ähnliche Attribute. Deshalb wird ihr Bild gerne in der Werbung eingesetzt.

très content
de ses achats
et satisfait
de son élégance,
Babar va
chez le photographe.

_16_

VIERTES KAPITEL

VON DER JAGD ZUM MASSAKER

Vor ca. 50 Millionen Jahren begann die Geschichte der Rüsseltiere auf unserem Planeten. Den eiszeitlichen Menschen wurde lange nachgesagt, sie hätten die Mammute ausgerottet; zu Unrecht, wie wir heute wissen. Mittlerweile steht der Mensch der Gegenwart kurz davor, die letzten Vertreter der Rüsseltiere endgültig zu vernichten.

Das Jagdglück gilt vielerorts als Beweis der Männlichkeit und wird vom erfolgreichen Jäger durch die Zurschaustellung seiner Jagdtrophäen belegt. Hatte er besonders großen Erfolg, so kann er etliche Beutestücke in klingende Münzen verwandeln. Erst die modernen Jagdwaffen und die hohen Weltmarktpreise für Elfenbein führen zu einem gnadenlosen Raubbau an der Natur.

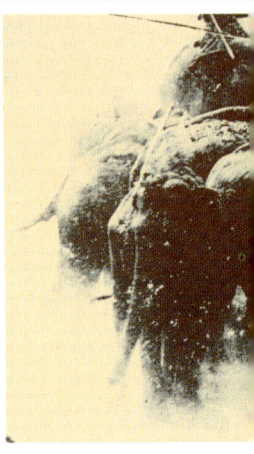

Der Fang der Elefanten

E ine ältere Methode des Elefantenfangs besteht darin, die wilden Tiere in einen Sumpf zu treiben. Hier ermüden die Tiere auf ihrer Flucht, werden immer langsamer und können schließlich mit Hilfe gezähmter Elefanten rasch eingefangen, beruhigt und zur Zähmung vorbereitet werden.

Soll ein Elefant gefangen werden, so muß nicht selten die Tötung einiger seiner Artgenossen in Kauf genommen werden. Hierbei treten, abhängig von der Fangmethode, Unterschiede auf. Oft werden Tiere beim Fang verletzt, verweigern die Futteraufnahme oder zeigen sich widerspenstig und damit für die Zähmung ungeeignet. Solche Tiere, von den Indern „Rogues" genannt, werden oft an Ort und Stelle getötet. Bei einer *Khedda* können bis zur Hälfte der Tiere an den Folgen des Fangs sterben. Noch höhere Verlustraten bewirkt die Nutzung von Fallgruben. Hier soll es vorgekommen sein, daß von 20 in eine Grube gestürzten Tieren nur eins lebendig und unverletzt gefangen werden konnte.

Je nach Region haben sich verschiedene Fangmethoden durchgesetzt. Das jeweilige Verfahren ist auch davon abhängig, ob eine große Gruppe oder nur ein einzelnes Tier gefangen werden soll. Die unterschiedlich intensive Jagd hat in vielen Gebieten zur Folge gehabt, daß hier

die Elefanten bereits ausgerottet sind. Dieses gilt für Nordafrika, Palästina, Syrien, Mesopotamien und China, um nur einige Beispiele zu nennen.

Massenjagd: Die Khedda und das Harpunieren

Nachdem die Holländer 1638 die Portugiesen von Ceylon verdrängt hatten und ihre Ostindische Kompanie den Handel immer mehr ausweitete, wuchs der Bedarf an Elefanten. Die angewandten Fangmethoden sind den Holländern nicht effektiv genug; so wandeln sie die vorgefundene Methode, ein einzelnes Tier in einem „corales" genannten Pferch zu fangen ab und entwickeln daraus den Fang in einem *Kral*: die Khedda.

Die Krale sind mehr als fußballfeldgroße Fanganlagen, die festinstalliert und entsprechend massiv gebaut sind. Hunderte, ja manchmal Tausende von Treibern umzingeln die Elefanten in wochenlangen Märschen und jagen sie dem Kral zu. Sobald die Tiere durch eine lange, trichterförmige Öffnung in den Kral getrieben worden sind, wird ein Falltor herabgelassen. Das sich anschließende Treiben, insbesondere das Fesseln der Neufänge hat Rudyard Kipling in seinem „Dschungelbuch" in der Episode „Toomai, der Liebling der Elefanten" ausführlich beschrieben.

Zu junge und zu alte Tiere werden wieder freigelassen, Säuglinge aber verenden regelmäßig innerhalb weniger Tage. Ihre Mütter sind zu aufgeregt, um sich um sie kümmern zu können, oder sie werden von ihnen absichtlich getrennt.

Das vor dem Ersten Weltkrieg in Siam entstandene Photo zeigt den Abtransport von Elefanten, die wahrscheinlich mit dem Lasso gefangen oder harpuniert wurden. Sie werden von großen gezähmten Bullen und von Helfern mit langen Lanzen dirigiert. Der Marsch führt zu einer Versteigerung oder zu einer Dressurstation. Noch besteht die Aufgabe der Koonkies in erster Linie darin, die frisch gefangenen Tiere zu beruhigen.

Niemand füttert sie, und die Mahouts sagen, Mastiamma, die Göttin des Waldes und der Elefanten, nehme sie zurück.

Beim Harpunieren werden die Wildlinge von lärmenden und mit Fackeln ausgerüstete Treibern und vielen gezähmten Elefanten während der Hochwasserperiode an einen See getrieben. Die gezähmten Tiere bilden eine Mauer, deren einzige Öffnung zum See weist. Das Wasser steigt weiter an. Die Wildlinge wagen es aber nicht, die Kollaborateure der Elefantenfänger, große, besonders starke Bullen, anzugreifen. Nach geraumer Zeit bleibt ihnen nichts anderes übrig, als das Ufer Richtung See zu verlassen.

Von Booten aus werden die schwimmenden Tiere dann mit einem Eisenhaken an der dicksten Stelle des Ohres harpuniert und an einem Baum angebunden. Sie müssen weiterhin schwimmen, um nicht zu ertrinken. Lassen ihre Kräfte allmählich nach, so wird ihnen ein Geflecht aus Rotang (diese lianenartige Schilfpalme liefert das bekannte Peddigrohr) untergeschoben, damit sie nicht ertrinken. Nach und nach werden die erschöpften Tiere dann mit Hilfe der Koonkies an ihren Bestimmungsort gebracht.

Der Fang mit dem Lasso

Mit dem Lasso werden gezielt einzelne Tiere aus einer Herde herausgefangen. Dabei bedient man sich gezähmter Elefanten, die je nach Verwendungszweck speziell trainiert sind: Die „Treiber" müssen die wilden Elefanten daran hindern, in das unübersichtliche Dickicht der Wälder zu fliehen. Den Vorgang der Gefangennahme unterstützen die „Fänger", indem sie mit ihrer breiten Stirn den Wildling von hinten stoßen, so daß dieser einen Schritt vorgeht. In dieser Situation kann der Mahout eine Schlaufe um eines der Hinterbeine legen und diese dann zuziehen. Abschließend wird der Fang an einem starken Baum festgebunden. Regelmäßig wendet sich der so Gefangene zum Angriff. Jetzt greifen die „Kämpfer" in das Geschehen ein. Riesige gezähmte Bullen unterbinden die Angriffe und beruhigen ihre wilden Artgenossen.

Es kommt allerdings gelegentlich vor, daß die Herde dem Gefangenen beistehen will; dann kann es zu regelrechten Kämpfen kommen. Um auf diese Gefahr vorbereitet zu sein, werden alle „Kämpfer" aus den umliegenden Dörfern bei einer solchen Jagd zusammengezogen. Sie drängen die Gefangenen allein durch ihre Masse ab, oder

Dieser Stich aus dem 18. Jahrhundert zeigt Szenen des Elefantenfangs mit dem Lasso in Birma. Im Vordergrund sind zwei „Fänger" im Einsatz; der Mahout legt gerade die Lassoschlinge. Dahinter ist ein bereits gefangener Elefant abgebildet, der zu fliehen versucht, von einem starken „Fänger" aber zurückgehalten wird. Der Elefant links mit dem erhobenen Rüssel scheint seinen Artgenossen helfen zu wollen und zum

sie stoppen die Angriffe der Kühe bzw. der Leittiere mit ihren Stoßzähnen. Um ein Blutvergießen möglichst zu vermeiden, sind die Stoßzähne der Kämpfer meist gekappt und abgerundet.

Die „Vamps"

Eine weitere Methode der Elefantenjagd, ebenfalls lange Zeit in Birma praktiziert, eignet sich speziell zum Fang einzelner Bullen. Bereits E. W. Happel beschreibt in seinen 1684 veröffentlichten „Relationes Curiosae" eindrucksvoll, wie diese Jagd vom König in Pegu durchgeführt wird.

Dreh- und Angelpunkt der Bullenjagd sind, wie einige Autoren schreiben, „verführerische und schamlose" Elefantenkühe, mit deren Hilfe man den Geschlechstrieb der

Angriff überzugehen. Oben, in der Mitte des Bildes, hat sich ein Elefant, nachdem er bereits gefangen war, losreißen können und greift an. Er wird aber von einem „Kämpfer" gestoppt, während sich der Mahout mit eine Spieß vor dem schlagenden Rüssel schützt.

Bullen ausnutzt. Gezähmte brünstige Elefantenkühe locken und reizen die Bullen. Sie begnügen sich nicht, den Bullen in Bereitschaft zu erwarten, sondern sie umwerben ihn regelrecht. Ihren Mahout tragen sie auf dem Rücken; um seinen verräterischen Geruch zu überdecken, soll er sich mit Elefantendung eingerieben haben. Ziel der ganzen Aktion ist es, den Bullen in einen Verschlag zu locken. Dort werden die Bullen durch die Kühe weiterhin gereizt und von den Mahouts darüber hinaus durch Lärm am Schlafen gehindert. Schließlich sind sie so erschöpft, daß sie vom Mahout gefesselt, gebunden und später abgerichtet werden können.

Einige Autoren berichten davon, daß die um ein „Liebesabenteuer" betrogenen Bullen nach der Dressur wieder auf die Verführerin trafen. Man könnte erwarten, daß die Bullen ihnen zumindest mit Mißtrauen begegneten. Doch weit gefehlt: Erneut trugen sie den „Verführerinnen" ihre „Liebe" an.

Diese Fangmethode existiert in Asien in verschiedenen Varianten. So berichtete bereits Arrianus über eine indische Variante: Brünstige Kühe werden am Ende einer schmalen Brücke aufgestellt. Die angelockten Bullen betreten die Brücke und können hier, weil sie sich nicht umdrehen und flüchten können, recht gefahrlos gefangen werden.

Fallgruben

Der Gebrauch von Fallgruben zur Elefantenjagd ist in Afrika, wo es die Jäger ja in erster Linie auf das Fleisch oder auf das Elfenbein abgesehen haben, weit verbreitet. Oft verengen sich die Gruben nach unten hin oder sind auch mit angespitzen, zum Teil vergifteten Pfählen gespickt. Eine

Nebenstehende Abbildung soll den Fang eines Elefanten in einer Grube darstellen. Die vielen Gurte und Seile, die den Eindruck erwecken, der Elefant werde mit ihnen aus der Grube gezogen, dienen lediglich dazu, den Elefanten zu halten, damit er sich nicht drehen und wenden und seinen Fängern gefährlich werden kann. Um den Elefanten aus der Grube herauszuholen, sind vor allem die beiden Menschen im Vordergrund wichtig. Sie schaufeln die Grube nach und nach zu und lassen so den Elefanten langsam nach oben kommen. An einen Baum gebunden, stehen zwei Koonkies bereit, die ihren Artgenossen zunächst beruhigen und ihn so der Dressur zuführen.

Abdeckung verbirgt die Grube, ausgestreuter Elefantendung erweckt den Anschein, daß Elefanten den Weg passiert hätten. Zumeist werden dann noch Verhaue aufgebaut, so daß der Wildwechsel genau über die Grube führt. Auf diese Weise ist es nicht einmal nötig, die Elefanten zu der Grube zu treiben.

Im Süden Indiens, insbesondere in Maisur, verwendet man Fallgruben, um lebende Tiere zu fangen. Jedoch verletzten sich die meisten Elefanten beim Fall in die Grube so sehr, daß sie nicht mehr als Arbeitselefant genutzt werden können.

Todesfallen

In ihrer Heimat werden die Asiatischen Elefanten zunächst selten getötet, da die Verwendungsmöglichkeiten für das lebende Tier überwiegen. Stirbt ein Elefant in

Links ist ein großer starker Bulle, ein „Kämpfer" abgebildet. Der Stich aus dem 16. Jahrhundert zeigt ein ausgewachsenes Tier, auf dessen mächtigem Rücken der Mahout und die beiden Helfer fast verloren wirken.

Gefangenschaft eines natürlichen Todes, so wird sein Kadaver verwertet. Hierzu gehören Leder und Haare, vor allem aber die Stoßzähne, welche das ganze Leben lang, im Alter sogar verstärkt wachsen, so daß die alten Bullen viel und gutes Elfenbein liefern können. Doch trotzdem werden auch hier Elefanten getötet, sei es nun im Krieg, durch bestimmte Fangmethoden, um die Bevölkerung vor einem aggressiven „Rogues" zu schützen oder weil eine Herde Pflanzungen verwüstet hat.

Der Stich des Stradamus soll hier demonstrieren, wie Jäger versuchen, einem Elefanten die Achillessehnen durchzutrennen, damit er nicht mehr fliehen kann.

In Asien und Afrika benutzt man teilweise die gleichen Methoden der Tötung: Neben Grubenfallen kennt man Relaisfallen, bei denen die Elefanten selbst den Auslöser betätigen. So installiert man Selbstschußfallen, bei denen schwere, in Bäumen hängende Holzbalken auf die Elefanten herunterstürzen, um ihnen das Genick zu brechen.

Von den Bäumen herab, deren Laub als Lieblingsnahrung der Elefanten gilt, schleudern die Jäger dem vorübergehenden Elefanten eine meterlange, scharfgeschliffene Lanze zwischen die Schultern. Die Bewegungen des Tieres bewirken dann, daß sich die Lanze immer tiefer in die Wunde bohrt und bald zum Verenden des Tieres führt. Ganze Familiengruppen werden in meterhohe Grasinseln getrieben, die dann in Brand gesteckt werden. Dabei soll es wiederholt vorgekommen sein, daß die Tiere ihre Jungen mit Gras und Erdreich abdeckten und mit

Sic foßis fontis

Wasser bespritzten, um wenigstens sie zu retten. Manchmal werden die Elefanten auch in eine umgedrehte Egge gejagt, wodurch sie schwere Verletzungen erleiden oder, soweit die Spitzen vergiftet sind, den sicheren Tod finden. Schon Strabo berichtete, daß die *Elephantophagen*, die im Gebiet des heutigen Sudans lebten, den Dickhäutern die Achillessehne mit dem Schwert zerhauten und sie dadurch fortbewegungsunfähig machten, um sie anschließend in aller Ruhe töten zu können.

In neuerer Zeit wurde in Schwarzafrika viel mit der „Pupu" gejagt. Es handelt sich hierbei um eine Art Vorderlader, dessen Munition ein regelrechter „Eisenwarenladen" aus Nägeln, Schrauben u. ä. ist. Die Wirkung der „Pupu" ist in bezug auf Elefanten selten tödlich; sie reißt wohl große Wunden, die aber, wenn überhaupt, erst sehr viel später zum Tod führen, so daß die Beute oft ohne Nutzen für den Jäger verwest. Oder der verletzte Elefant überlebt mit großen Schmerzen, wird allerdings mißtrauisch und aggressiv, was dann wiederum Grund genug ist, den „bösartigen" Elefanten zu töten.

Vom fairen „Zweikampf" zum Massenmord

Seit alters setzt der Jäger sein Leben aufs Spiel, wenn er einem gefährlichen Tier entgegentritt. Im Fall eines „Rogues" ehrt dieser Opfergang, da er gewählt wurde, um die Gemeinschaft von einer tödlichen Gefahr zu befreien. Zuweilen aber wird die Tat im Nachhinein zum Martyrium

Die dargestellte Elefantenjagd unterscheidet sich nicht sehr von der in Europa vom Adel ausgeübten Hohen Jagd. Sie findet entweder in einem Elefantengehege statt, oder aber eine große Anzahl Treiber hat die Tiere am Ort der Jagd zusammengetrieben. Die im Vordergrund verstreut liegenden Stoßzähne können ein Indiz dafür sein, daß es den Jägern über das bloße Jagdvergnügen hinaus auf die Elfenbeinbeute ankommt, wenn auch vielleicht nur als Trophäe.

o ſtridore Elephantes   Agmine conenuunt, capiuntur cuſpidis ictu.

Eine Elefantenjagd im Nordwesten Ceylons

Vom Konsul Frankreichs in Colombo stammt die Beschreibung einer Jagd aus dem Jahr 1924. Zusammen mit den Photographien wurde sie in der Zeitschrift „Illustration" abgedruckt.

Die Elefanten jenes Bezirks waren lange nicht mehr gejagt worden. Doch die von ihnen verursachten Verwüstungen hatten derartig zugenommen, daß man beschloß, etliche von ihnen zu fangen, um sie bei schweren Arbeiten einzusetzen.

In drei oder vier Monaten umzingeln Hunderte von Treibern die Elefantenherden und treiben sie ohne großen Lärm und große Hast auf den riesigen Trichter zu, an dessen schmalem Ende sich die Pforte des Krals als einzige Öffnung befindet. Einigen Tieren gelingt es aber, zu fliehen, da die Kette der Treiber nie ganz geschlossen ist. Bösartige Tiere, sogenannte Rogues, werden auf der Stelle erschossen.

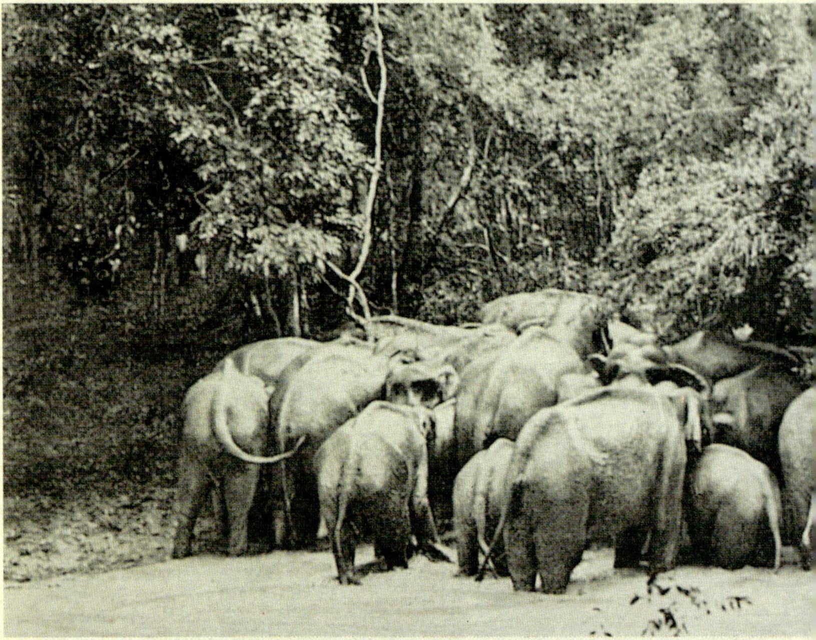

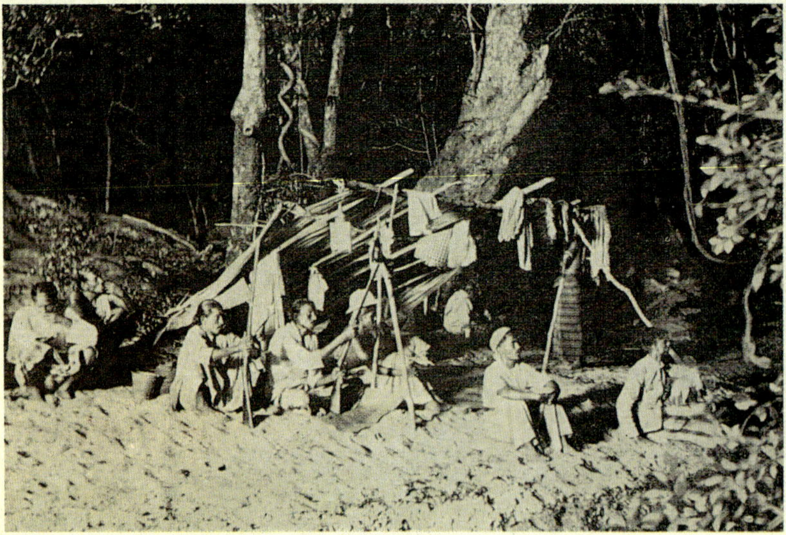

Der Verlauf der Jagd

Während der langsamen „Verfolgung" erreichen die Treiber eine immer dichtere Umzingelung der Elefanten. Der Großteil der Herde erreicht den Eingang des Trichters und wird von mehreren tausend Menschen, die in zwei Reihen gestaffelt stehen, an einem Ausweichen oder an der Umkehr gehindert. Sobald die Pforte geöffnet ist, finden die Elefanten als Lockmittel einen kleinen Weiher im Inneren des Krals. Während sie sich im Wasser tummeln, ertrinkt allerdings ein Elefantenjunges.

Der Auftritt der zahmen Elefanten

Mehr als 20 gezähmte Tiere, an der Spitze ein riesiger Bulle, sollen vor den Augen der Zuschauer die 40 gefangenen Elefanten zur „Vernunft bringen". Diese wagen es nicht, als Gruppe aufzutreten, und weichen ins Hintere des Krals zurück. Sodann wird jedes einzelne Tier umkreist, und eine Schlinge wird an einem seiner Füße befestigt. Ein starker Bulle zieht es, zwei andere begleiten es, und die Fänger binden es an einem Baum fest.

erklärt, wie es beim Tod des Eleazar der Fall war. Der Seleukidenkönig Antiochus IV. provozierte durch die Plünderung des Tempelschatzes in Jerusalem (169 v. Chr.) und das Verbot des Jahwe-Kults im Zuge seiner Hellenisierungspolitik den nach dem Anführer Judas Makkabäus benannten Makkabäeraufstand (166 v. Chr.). Während der kriegerischen Auseinandersetzungen soll sich Eleazar unter einen Elefanten geworfen haben und diesem die Bauchdecke aufgeschlitzt haben. Beide, Eleazar und der Elefant, haben dabei angeblich den Tod gefunden. Ähnlich groß war der Mut der Pygmäen, die den Elefanten auf die gleiche Weise töteten wie Eleazar, um ihren Stamm für Wochen mit Fleisch zu versorgen. Auch noch zu Anfang des 20. Jahrhunderts sterben einige gutbewaffnete weiße Jäger, weil sie den Elefanten aus Unachtsamkeit Gelegenheit gegeben haben, ihre überlegene Stärke zu demonstrieren.

Der Trend geht aber in die Richtung, daß die Jagd, vormals noch Beweis von Mut und Männlichkeit, mit immer moderneren Waffen durchgeführt wird, denen die Elefanten hoffnungslos unterlegen sind. Von einem Elefantenrücken aus mit einem Präzisionsgewehr und Explosiv- oder Dum-Dum-Geschossen einen Elefanten zu erlegen, zeugt nicht gerade vom besonderen Mut des Jägers.

In den letzten Jahren geht es teilweise gar nicht mehr um die Trophäen, sondern nur noch um das Töten. Von Hubschraubern aus werden ganze Herden mit Maschinengewehren niedergemetzelt; die Kadaver verfaulen, verwaiste Elefantenjungen gehen elendig zugrunde, und am Ende profitieren allenfalls die Hyänen von dem Gemetzel.

Mit dem massiven Einsatz von Gewehren, teilweise schon mit Explosivgeschossen, beginnt das Zeitalter der weißen Jäger. Ein solcher ist hier abgebildet: Er sitzt stolz auf dem erlegten Tier. Um ihn herum posieren seine durch Waffen und Lohn gedungenen Jagdgehilfen.

Fluch des Elefanten: Das Elfenbein

Der Erwerb von Elfenbein setzt nicht
zwangsläufig den Tod des Elefanten voraus. Von den fossilen Mammuten Sibiriens existiert Elfenbein von oft bemerkenswert guter Qualität. Auch können
die Stoßzähne der Tiere, die eines natürlichen Todes sterben, in freier Wildbahn
eingesammelt oder vom Kadaver abge-
trennt werden. Bei den domestizierten
Elefanten in Asien war dies schon
immer gängige Praxis, und auch in den
gut bewachten afrikanischen Nationalparks weiß man das
Elfenbein auf diese Weise zu nutzen.

    Vielen Asiatischen Elefanten werden die Spitzen der
Stoßzähne abgesägt, um Unfälle oder Kämpfe mit töd-
lichem Ausgang zu reduzieren. Außerdem hat diese
Methode zur Folge, daß der verbleibende Stumpf stärker
und größer wird. Manchmal gelang es sogar, ganze Stoßzähne durch einen chirurgischen Eingriff am lebenden
Tier zu entfernen. Auch kann man immer wieder sauber

Die Präparation einer
derartigen Trophäe
verlangt neben Arbeit,
Sorgfalt und finanziel-
lem Aufwand eine gehö-
rige Portion Mißachtung
der lebenden Kreatur.
Papierkörbe und Schirm-
ständer aus Elefanten-
füßen gehören neben
diesem Arrangement
zu den Beispielen zyni-
schen Geschmacks.

abgebrochene Stoßzähne finden, die von einem heftigen Kampf der Giganten oder dem vergeblichen Versuch, einen Baum zu entwurzeln, zeugen.

Lange Zeit war das Elfenbein auch nur ein „Nebenprodukt" der Jagd nach Nahrung. Die Lebensräume der Menschen waren von denen der Elefanten zum größten Teil getrennt: Daher hatte der Mensch bis zum Ende des letzten Jahrhunderts – global gesehen – keinen Einfluß auf die Gesamtzahl der in freier Wildbahn lebenden Elefanten.

Dem widerspricht auch nicht, daß seit der Antike Elfenbein für ein zunehmend breiteres Spektrum kunsthandwerklicher Erzeugnisse genutzt wurde. Seitdem jedoch das Elfenbein in großen Mengen z. B. für Billardkugeln, Klaviertasten, Einlegearbeiten oder aber, zu Pulver zerrieben, als Aphrodisiakum gefragt war und die Europäer den Afrikanern Schußwaffen lieferten, die die Elefantenjagd extrem vereinfachten und relativ gefahrlos machten, begann ein Gemetzel: Ob nun die persönliche Bereicherung oder aber die Finanzierung einer Befreiungsbewegung oder Rebellentruppe im Vordergrund steht, zuerst müssen die großen Bullen sterben und danach die kleineren, von denen immer mehr erlegt werden, um noch die gleiche Menge Elfenbein auf den Markt bringen zu können.

Bei Ausgrabungen paläolithischer Siedlungsplätze fand man kreisförmig angeordnete, auf die Hinterköpfe gestellte Mammutschädel. Die Stoßzähne dienten als „Zeltstangen", über die Felle gespannt wurden. Mit Hilfe ineinander verhakter Geweihe von Rentieren oder Riesenhirschen wurden die Zeltbahnen befestigt. Auch schnitzten die Menschen der Steinzeit menschliche und tierische Figuren aus Elfenbein. So z. B. die älteste Darstellung eines Menschen aus der Geißenklösterle-Höhle auf der Schwäbischen Alb. Die wesentlich bekanntere Venus von Willendorf (links) wurde allerdings aus Kalkstein gefertigt.

In den 90 Jahren bis zur Fertigstellung der Transsibirischen Eisenbahn (1914) sollen ca. 2000 t fossilen Elfenbeins allein auf dem Markt von Jakutsk umgeschlagen worden sein. Dabei erreichte zwischen 1860 und 1900 das jährlich gehandelte Elfenbein ein Gewicht von jeweils annähernd 50 t. Seitdem konnten viele 1000 t an Elfenbein dem Dauerfrostboden Sibiriens entrissen werden. (Die Abbildung in der Mitte zeigt den Schnitt durch einen Mammutstoßzahn.) Nach dem Zweiten Weltkrieg verbot die UdSSR den Export fossilen Elfenbeins. Der Preis stieg unaufhaltsam, und bei einem Preis von 800 Dollar je Kilo hatte die UdSSR ein Lager im Schätzwert von über einer Milliarde Dollar angehäuft.

1989 wurde der Elfenbeinhandel von 103 unterzeichnenden Staaten verboten. Legal darf in diesen Ländern nur noch mit fossilem Mammutelfenbein gehandelt werden. Allerdings besteht für Wilderer immer noch die Möglichkeit, ihr Elfenbein über Staaten, die das Abkommen nicht unterzeichnet haben, zu vermarkten. Zu diesen gehören sowohl Taiwan als auch Côte d'Ivoire (Elfenbeinküste). Deren Präsident erließ 1985 ein Dekret, nach dem der Name der Republik nicht mehr übersetzt werden darf.

Das Elfenbein des Mammuts

Zwar nutzten die steinzeitlichen Menschen das Elfenbein der Mammute, doch war dies nicht Grund für das Aussterben der eiszeitlichen Dickhäuter. Große Mammutzähne dienten z. B. als „Zeltstangen". Kleinere Elfenbeinstücke wurden zu Werkzeugen verarbeitet.

Auch für künstlerische Darstellungen war das feine Material bestens geeignet. Man schnitzte daraus Figuren, ritzte Zeichnungen hinein, nutzte es als Schmuck. In erster Linie nützte der prähistorische Mensch die angefertigten Figuren als Talisman oder Jagdzauber. So kennen wir z. B. aus dem Gebiet der Schwäbischen Alb eine große Anzahl figürlicher Darstellungen aus Elfenbein. Der erste Fund in der Vogelherdhöhle bei Stetten aus dem Jahr 1934 stellt einen Höhlenlöwen dar. Später wurden hier noch eine Wildpferd- und eine Mammutminiatur entdeckt. Aus dem Geißenklösterle bei Blaubeuren stammt die 30 000 Jahre alte Darstellung eines Bisons sowie ein Relief auf einem Elfenbeinplättchen, das einen Menschen zeigt. Alle diese Figuren sind lediglich zwischen 2,5 und 9 cm groß.

Im 17. Jahrhundert versuchte man in Europa, aus Mammutfunden das sagenhafte Einhorn zu rekonstruieren.

Damals galt noch das pulverisierte Horn des vermeintlichen Einhorns als Universalmedizin und wurde sehr teuer
verkauft. So konnten schon damals die Funde von Mammutelfenbein für viel Geld an den Mann gebracht werden.

Afrika: Elfenbein als Nebenprodukt der Jagd

Aus älterer Zeit sind uns keine Beispiele dafür überliefert,
daß die Afrikaner das Elfenbein in besonderer Art genutzt
hätten. So sollen an den Grenzen Äthiopiens, wie uns
Plinius unter Berufung auf Polybios berichtet, die Elefantenzähne lediglich dazu verwendet worden sein, Palisaden
oder Zargen herzustellen. Dies war zumindest insofern eine
sinnvolle Nutzung, als Elfenbein Witterungseinflüssen,
insbesondere aber Termiten widersteht. Die Afrikaner
waren durchaus in der Lage, das Elfenbein zu bearbeiten,
wie einige Schmuckgegenstände und diverse Hörner belegen. Doch sie nutzten es nur als ein Nebenprodukt ihrer
Jagd nach Fleisch. Insbesondere im Königreich Benin
trugen die Portugiesen seit dem Ende des 15. Jahrhunderts
dazu bei, die Elfenbeinbearbeitung zu entwickeln. Zwangsläufig forcierten sie
dadurch ebenfalls die
Elfenbeinjagd; dies tat
auch der König von
Benin, der von jedem
erlegten Elefanten
einen Stoßzahn erhielt.

Die Portugiesen
gehörten zu den
ersten, die von Westen
her nach Schwarzafrika
kamen und nach der
Umschiffung des Kaps
der Guten Hoffnung das
arabisch beherrschte
Gebiet zwischen Mosam-
bik und Oman erreich-
ten. Fast überall errichteten sie Faktoreien und
trieben seit Ende des
15. Jahrhunderts einen
regen Handel mit dem
weißen und dem
„schwarzen Elfenbein"
(Sklaven): von West-
afrika aus nach Amerika
und Europa, von Sofala
in Mosambik aus nach
Arabien und Ostindien.

Asien: Elfenbein im Industriezeitalter

Die Elfenbeinschnitzerei in Asien zeichnet sich dank ihrer langen Tradition durch ein hohes handwerkliches und künstlerisches Niveau aus. Einheimische Elefanten werden aber kaum wegen des Elfenbeins getötet, denn der intensive Handel mit Afrika sichert bereits seit langem den Bedarf. Zudem sind die Stoßzähne der Afrikanischen Elefanten größer und von besserer Qualität; außerdem gibt es hier keine Lieferengpässe.

Eines der Länder, in dem seit 1960 besonders viel Elfenbein verbraucht wird, ist Japan. Musikinstrumente, Gürtelschnallen, Klaviertasten oder Pulver mit einer dubiosen Wirkung: Alles muß aus Elfenbein sein. Allein 1988 werden dort über zwei Millionen Namenssiegel aus Elfenbein an den japanischen Verbraucher gebracht, der damit seine Schriftstücke lieber stempelt, als von Hand zu unterschreiben. All dies führt letztendlich zu einem Gemetzel an jährlich 100 000 Elefanten.

Vom Modeschmuck bis zur Klaviertaste

Bereits aus dem 2. Jahrtausend v. Chr. sind uns Elfenbeinarbeiten, so Intarsien aus Uruk in Mesopotamien, Gebrauchsgegenstände

Die Elfenbeinschnitzer Benins (abgebildet ist hier ein festlicher Empfang von Gästen) verarbeiteten überwiegend das vom Rundohrelefanten stammende einheimische Elfenbein. Der Bedarf der Europäer wurde größtenteils durch die Stoßzähne der Steppenelefanten der östlichen Savannen gedeckt. Nachfrage und Angebot steigerten sich schon damals gegenseitig. Örtliche Fürsten errichteten Vorratslager, die von ihren Untertanen gefüllt werden mußten. Oft wurde Elfenbein nicht verkauft, sondern wechselte als Gastgeschenk seinen Besitzer. Die Häuptlinge erhielten begehrte europäische Waren, die Europäer als Gegengabe Elfenbein.

aus Megiddo, Reliefs aus der Ägäis oder
Grabbeigaben des Tutanchamun bekannt.
In Mesopotamien und Syrien gab es zu
jener Zeit noch Elefanten, über Ägypten und das Rote Meer wurde aber
bereits Elfenbein aus Asien oder
dem Land Punt gehandelt.

Gold und Elfenbein
waren wertvoller als Marmor,
Perlen oder Edelsteine. So
dienten sie dem „Götterbild-
ner" Phidias (ca. 500 – 431
v. Chr.) als Material seiner
berühmten Statuen: der 12 m
hohen Athena Parthenos in
Athen und des Zeus im Tempel
zu Olympia. Beide sind leider
nicht erhalten. Überliefert sind uns
diese Bildwerke aber durch Marmor-
nachbildungen oder als Motive auf
Münzen. Das wertvolle Material muß
allerdings auf Phidias einen unwidersteh-
lichen Reiz ausgeübt haben, denn er soll, der
Veruntreuung von Gold und Elfenbein ange-
klagt, im Gefängnis gestorben sein.

In Byzanz und im christlichen Abendland wurde das wertvolle Material in erster
Linie für religiöse Darstellungen verwendet.
Doch auch die adligen Herren schätzten
Elfenbein; viele Gegenstände des täglichen
Gebrauchs wurden durch Elfenbein ver-
schönert oder vollständig daraus hergestellt: Bucheinbände, Jagdhörner, Kästchen
und Schatullen, Kämme und Schachspiele.

Seit dem 18. Jahrhundert fand auch
das Bürgertum Gefallen an diesem Material.
Nunmehr wurden Tabaksdosen, Dolchgriffe
und Gewehrschäfte, Nadeln mit großem
Öhr, Dominospiele, Bonbonnieren, Fächer
und Schönheitsartikel daraus in großer
Stückzahl gefertigt. Gleichzeitig wurde es
verstärkt im Bereich der profanen und religiösen Plastik verwendet.

Das zu Zeiten von Ludwig XIV. und
Marie Antoinette dem Adel vorbehaltene

Die Ausmaße der
Stoßzähne erlau-
ben nicht die Ausarbei-
tung großer Skulpturen
aus einem Stück. Aus
dieser Not heraus wur-
den zwei Methoden
entwickelt: die Intarsia
für flächige Darstellun-
gen sowie die chrysele-
phantinen Bildwerke für
figürliche Darstellungen.

Billard verbreitete sich nach der Französischen Revolution in ganz Europa. Für die Billardkugeln war Elfenbein das geeignetste Material. Gleiches galt für Klaviertasten; es gab kein Material, das mechanischer Beanspruchung so stark widerstand, gleichzeitig aber hochelastisch war. Heutzutage besitzen zahlreiche Kunststoffe diese Eigenschaften, so daß sie als Elfenbeinersatz verwendet werden können und die weitere Nutzung von Stoßzähnen unnötig machen.

Die immer weiter gestiegene Nachfrage außerafrikanischer Länder nach Elfenbein lösten die Massaker an den Afrikanischen Elefanten aus. Dagegen ist die Ursache der fast vollständigen Dezimierung der Asiatischen Elefanten zum größten Teil in der Beschränkung ihres Lebensraumes zu suchen.

Seit jeher: Handel mit Elfenbein

Die Purpurhändler, die von sich selbst als Kanaaniter, von den Griechen als Phoinikes und von den Römern als Poeni bezeichnet wurden, sind uns heute als Phönizier ein Begriff. Sie waren einst bedeutende Piraten, später eine Handelsmacht und verfügten über eine große Anzahl von Faktoreien im gesamten Mittelmeerraum. Wahrscheinlich waren sie die ersten, die das Elfenbein als Zwischenhandelsware in dieser Region vertrieben. Während des Mittelalters und zu Beginn der Neuzeit wurde das Elfenbein aus den

Gegenden südlich der Sahara durch Karawanen nach Leptis Magna, Kairo oder Tunis gebracht, um von dort aus seinen Weg nach Europa zu finden. Seit Mitte des 15. Jahrhunderts gründeten die Portugiesen entlang der Küste des Golfs von Guinea zahlreiche Handelsniederlassungen. Diese Küstenstriche trugen in der frühkolonialen Zeit Namen, die nicht ihre Einwohner,

Das edle Elfenbein war schon immer für die Großen dieser Welt bestimmt, oder es wurde zum Ruhme der Götter eingesetzt: Bibeln mit Elfenbeinbeschlägen oder kostbare Kästchen, in denen der Koran verschlossen wurde, bezeugen dies. Die berühmtesten Elfenbeinarbeiten des Mittelalters in der westlichen Welt wurden in Byzanz und unter der Herrschaft Karls bzw. Ottos des Großen hergestellt. Die hervorragendsten fernöstlichen Elfenbeinarbeiten stammen aus den Werkstätten Indiens und Chinas.

sondern die begehrten Produkte und Rohstoffe kennzeich-
neten: Pfefferküste, Elfenbeinküste, Goldküste und Sklaven-
küste. Das weiße und das sogenannte schwarze Elfenbein,
die Sklaven, wurden mit Gold aufgewogen. Während die
Sklaven nach Lateinamerika verschifft wurden, trat das weiße
Elfenbein von hier aus den Weg nach Europa an.

Die Araber betrieben einen regen Handel mit eben
diesen beiden Handelsgütern von der Ostküste Afrikas aus
nach Asien. Dieser Handel hat Afrika einer Menge Elfenbein beraubt, wobei zu jener Zeit der Export der Sklaven
insofern überwogen haben dürfte, als diese leichter zu be-
schaffen waren.

Die beiden Weltkriege verschafften den Elefanten eine
Atempause, aber die bald darauf zunehmende Nachfrage
ließ die Preise steigen und machte den Elfenbeinhandel
attraktiver denn je. Gerade in der Zeit nach dem Zweiten
Weltkrieg, in der sich viele afrikanische Völker die Unab-
hängigkeit von ihren Kolonialherren erkämpfen wollten,
war Elfenbein eines der wenigen devisenbringenden
Handelsgüter und wurde daher vermehrt auf den Welt-
markt geworfen; nicht zuletzt, um Waffenkäufe finanzie-
ren zu können.

Ende des 19. Jahrhun-
derts reisten viele
Großwildjäger nach
Afrika. Mit dem erbeute-
ten Elfenbein konnte die
Reise finanziert werden.

Die moderne Wilderei

Noch in den 60er Jahren betrieben die Wilderer ein laut-
loses und effektives Geschäft. Vielerorts war die Savanne
durch kilometerlange Barrieren von Dornensträuchern
versperrt. An den Durchgängen legten sie Schlingen aus.
Viele Giraffen, Zebras, Gnus, Impalas und andere Groß-

säuger starben darin, natürlich auch zahllose
Elefanten. Zumeist fraßen Löwen, Hyänen und
Geier deren Kadaver. Die Stoßzähne der Elefanten aber blieben liegen und mußten von den
Wilderern nur noch eingesammelt werden.
Zusätzlich lasen sie Schwänze und Haare auf und
nutzten sie für Fliegenwedel, Armreifen und Hals-
bänder, die Füße für Schirmständer, Papierkörbe
oder Hocker, die Ohren für Tische und Trommeln
sowie die Häute für extravagante Cowboystiefel.

Die Verwertung des Elefanten schließt selbst
die Wimpern mit ein, die in Indien als fruchtbar-
keitssteigernd gelten. Da nun in Afrika die Wilderei stärker bekämpft wird, können die Wilderer
oftmals nicht ihre Beute abtransportieren.
Aus diesem Grund stellen sie noch mehr
Fallen auf bzw. schießen mehr Tiere, um
die Nachfrage befriedigen zu können. So provozieren die
Maßnahmen der Wildschützer paradoxerweise den Tod
von zahllosen weiteren Tieren.

Doppelte Nutzung
des Elefanten im
Altertum: Auf seinem
Rücken transportiert
dieser Elefant das Elfen-
bein seiner Artgenossen.

Das Schießen hat insofern schwerwiegende Folgen, als es die Wilderer in erster Linie auf die alten Bullen mit ihren großen Stoßzähnen abgesehen haben. Nur selten trifft man deshalb heutzutage noch Bullen mit einem Zahngewicht von mehr als 20 kg an. Gerade diese Tiere sind es aber, die das Überleben der Art sichern, denn nur sie werden von den Kühen in Zeiten der Brunst akzeptiert und sichern so den Bestand der Herde.

Durch die Jagd auf die grauen Riesen wird daher die gesamte Demographie der Afrikanischen Elefanten in Unordnung gebracht. Mitte der achtziger Jahre beträgt der jährliche Rückgang, hochgerechnet auf einer Basis von ca. 1 Mio. Tiere, annähernd 10 %. Sollte sich dies so fortsetzen, dann sterben die Afrikanischen Elefanten voraussichtlich um die Jahrtausendwende aus.

So leergefegt mittlerweile die afrikanische Wildbahn ist, so groß sind die Probleme in den Nationalparks. Aufgrund des Schutzes, gleichzeitig aber der dadurch bedingten hohen Populationsdichte der Elefanten, werden dort regelmäßig sogenannte *Cullings*, kontrollierte Abschüsse, durchgeführt. Alle Herdenmitglieder werden erschossen, nur die Jungtiere werden eingefangen und an Zoos oder Zirkusse verkauft. Das Elfenbein, das seit 1990 offiziell nicht mehr gehandelt werden darf, bringt auch den Schützern der Elefanten keinen Gewinn.

In Asien kann man heutzutage noch maximal 50 000 freilebende Elefanten antreffen. Obwohl hier kaum gewildert wird, ist es nur eine Frage der Zeit, wann die grauen Riesen durch die Bevölkerungsexplosion aus ihren letzten Rückzugsgebieten vertrieben werden.

Schutzmaßnahmen gegen die Ausrottung

Die Afrikanischen Elefanten sind durch die Jagd nach dem Elfenbein massiv bedroht. Wohl nie wird man die Wilderei vollends ausrotten können, doch ist sie mittlerweile stark zurückgegangen. Für die Elefanten existieren heute aber noch zwei weitere Gefahrenquellen: das Bevölkerungswachstum der Afrikaner und das Culling.

Das Bevölkerungswachstum bedeutet in zweifacher Hinsicht eine Gefahr für die Elefanten. Zum einen benötigen die Afrikaner immer mehr Siedlungsraum, denn z. B. erreicht Kenia mit ca. 4 % die weltweit höchste Geburtenrate. Hier ist nur ein Drittel des Landes wirtschaftlich nutzbar, der Rest ist Halbwüste und kann von Menschen nicht

In Afrika gibt es nur noch wenige Elefanten. Doch wo sie in Erscheinung treten, sagen die Afrikaner, seien sie zu zahlreich und zerstörten die Vegetation. Daher werden mittlerweile in vielen afrikanischen Staaten Cullings durchgeführt.

bewohnt werden. Es ist nur noch eine Frage der Zeit, wie lange noch die 7 % der Landfläche Kenias, die als Nationalpark oder Reservat ausgewiesen sind, diesen Status behalten können. Zum anderen ändern die Afrikaner aber auch ihre Lebensgewohnheiten. Ein Beispiel dafür sind die Massai: Bis vor kurzem noch lebten sie als nomadisierende Viehzüchter problemlos Seite an Seite mit den Elefanten. Da sie sich nunmehr aber dem Ackerbau zugewandt haben, erfahren sie den Elefanten als bedrohlichen Rivalen und fühlen sich durch den nun unbeliebten Konkurrenten in ihrer Erwerbstätigkeit beeinträchtigt.

Dieser dem Englischen entlehnte Begriff bedeutet soviel wie pflücken/ernten oder auch den Ausschuß aussortieren. In Wirklichkeit aber werden ganze Herden mit Schnellfeuergewehren niedergemetzelt.

Das Culling birgt eine ganz besondere Gefahr in sich. Dadurch, daß ganze Herden getötet werden, geht auch deren spezifischer Teil des genetischen Potentials der Gesamtpopulation unwiderbringlich verloren. Zudem erreicht Culling nur kurzfristig seinen Zweck: Andere Herden nehmen die Weidegründe der getöteten Artgenossen in Besitz und vermehren sich rascher aufgrund der abgenommenen Populationsdichte. Die Folge ist das nächste Culling, es entwickelt sich ein Teufelskreis, der auf Dauer das genetische Potential so weit reduziert, daß die Elefanten dem Aussterben geweiht sind. Wenn die Massaker aber eingestellt werden sollen, muß das Problem der Elefanten allein von den Afrikanern gelöst werden. Damit diese ein Interesse an dem Fortbestand der größten auf dem Land lebenden Säugetiere entwickeln, muß der Nutzen der

Elefanten ernähren sich auch von Bäumen und verändern deutlich deren Wuchsform, soweit sie sie nicht ganz vernichten. Dennoch ist aus dem Tsavo-Nationalpark in Kenia keine Wüste geworden, wie von Culling-Befürwortern prophezeit. Untersuchungen in Tansania, Sambia, Kenia und Uganda haben bewiesen, daß die weiblichen Elefanten auf eine erhöhte Populationsdichte durch Hinauszögerung der Geschlechts-

Dickhäuter größer sein als der Schaden, den sie anrichten. Wenn die Elefanten dem einzelnen wirtschaftliche Vorteile bringen, wie es z. B. schon bei den Shangaan in Simbabwe der Fall ist, besteht keinerlei Bereitschaft, die grauen Riesen zu töten, denn niemand schlachtet die Kuh, die er melken kann.

Damit die Elefanten allerdings nicht nur noch in Zoos oder Reservaten zu sehen sind, müßte die Wachstumsrate der freilebenden Elefanten ohne Culling beeinflußt werden können. Grundlagenforschung hierzu wird im Zoo von Portland betrieben, der einen beeindruckenden Rekord hält: Mit 24 Nachzuchten sind in diesem Zoo so viele Elefanten wie in keinem anderen „gezüchtet" worden. Am Ende sollte dann eine Geburtenkontrolle die Populationsdichte der Elefanten in verträglichen Grenzen halten.

reife und einer Verlängerung des Kalbeintervalls reagieren. Zudem sind die langlebigen Tiere, will man genaue Aussagen über ihre Umweltverträglichkeit gewinnen, in größeren Zeitspannen zu betrachten. Der Amboseli-Nationalpark weist heute einen guten Baumbestand auf. Noch vor 100 Jahren wurde dieses Gebiet vom Forschungsreisenden Joseph Thomson als baumlose Einöde beschrieben.

ZEUGNISSE UND DOKUMENTE

Die Vorfahren der Elefanten

Funde fossiler Rüsseltier-reste gaben dem Menschen jahrhundertelang Rätsel auf. Sie wurden im Laufe der Zeit als Götterboten, Riesen und Fabeltiere oder aber als eine Laune der Natur gedeutet. Heutzutage hat die Paläontologie die Geschichte der Rüsseltiere auf unserem Planeten weitgehend erforscht.

Mammute sind keineswegs die ältesten Vorfahren der grauen Riesen. Ihre Abstammungsgeschichte ist etwa 50 Millionen Jahre alt.

Die Stammesgeschichte der Rüsseltiere

Die beiden heute noch auf unserer Erde lebenden Elefantengattungen sind nur noch der kümmerliche Rest einer ehemals vielartigen Säugetierordnung, deren Blütezeit vor nur etwa 10 000 Jahren endete: die Rüsseltiere.

Die Vorfahren der Rüsseltiere (Ordnung Proboscidea) waren primitive Huftiere, die zu einer Lebensweise im Meer zurückgekehrt und erst später als amphibisch lebende Säugetiere wieder an Land gegangen sind. Dies belegen verschiedene anatomische

Rekonstruktion eines Mammuts

Eigenschaften der heute lebenden Rüsseltiere. So ist z. B. bei keinem anderen Landsäugetier – eine Ausnahme ist der Mensch – die weibliche Geschlechtsöffnung nach vorn gerichtet – ein typisches Kennzeichen der Meeressäuger. Es ist daher nicht verwunderlich, daß wir die nächsten Verwandten der Elefanten, die Sirenen oder Seekühe, heute im Meer lebend finden.

Die Stammesgeschichte der Rüsseltiere weist verschiedene evolutionäre Tendenzen auf. Neben einer Vergrößerung des Körpers, die schon sehr bald nach ihrem Erscheinen festzustellen ist, entwickelten sich später lange, säulenförmige Beine, deren dehnbare Fußsohlen vorzüglich an einen morastigen Lebensraum angepaßt waren. Aus der Oberlippe und der Nase bildete sich im Laufe der Zeit ein Rüssel, der mit zunehmender Größe der Tiere immer länger ausfiel und sich mit der Zeit zu einer nützlichen Greifhand entwickelte. Das Gebiß wurde, mit Ausnahme der teilweise gigantisch angelegten Stoßzähne, auf einige wenige Molaren reduziert; damit ging eine Verkürzung des Kopfes einher. Trotz dieser Veränderung in der Schädelsymmetrie blieb eine genügend große Ansatzfläche für die Rüssel- und Kaumuskulatur erhalten, da durch die gleichzeitige Einlagerung von Luftkammern in die Dachschädelknochen (Pneumatisation) eine Aufwölbung des Schädeldaches stattfand.

Die Ordnung der Rüsseltiere wird heute im allgemeinen in die drei Unterordnungen Moeritherioidea, Deinotherioidea und Elephantoidea eingeteilt.

Die ersten Rüsseltiere

Die Ordnung der Rüsseltiere entwickelte sich wahrscheinlich vor 55 bis 50 Mio. Jahren, zu Beginn des Eozäns. Ihre ersten Vertreter hatten noch sehr wenig Ähnlichkeit mit den uns bekannten Afrikanischen und Asiatischen Elefanten. Sie waren gerade schweinegroß und besaßen noch nicht einmal einen Rüssel.

Auch ihr Gebiß war völlig anders strukturiert als das der heutigen Elefanten, denn es wies zahlreiche einzelne Backenzähne (Prämolaren und Molaren), Eckzähne (Caninen) und Schneidezähne (Incisiven) auf. Doch fehlten den ersten Rüsseltieren noch die elefantentypischen Stoßzähne. In ihrer Gestalt lassen sie sich am ehesten mit den heutigen Tapiren und in ihrer amphibischen Lebensweise mit Flußpferden vergleichen. Sie lebten im südlichen Küstengebiet der Tethys, einem Ausläufer des damaligen Pazifischen Ozeans, der den nördlich gelegenen eurasischen Kontinent von Afrika und Indien im Süden trennte und dessen bescheidener Rest unser heutiges Mittelmeer ist.

Während die ältesten bekannten Reste fossiler Rüsseltiere aus Nordindien stammen, liegt der wichtigste Fundpunkt jedoch in Ägypten, in der Provinz Fajum. Im Eozän stellte dieser Landstrich eine sumpfige, bewaldete Küstenebene dar. Hier lebten die frühen Rüsseltiere, genauer gesagt die Vertreter der Unterordnung Moeritherioidea, ein Seitenzweig im Stammbaum der Rüsseltiere, der sich schon früh von der Hauptentwicklungsrichtung abgespalten hat und bereits nach wenigen Millionen Jahren endete.

Die Moeritherien waren gerade einmal 60 cm hoch und wogen nur zirka 200 kg. Wie bei den heutigen Flußpferden befanden sich ihre Augen und Ohren oben am Kopf, also oberhalb der Wasserlinie beim schwimmenden Tier. Einen Rüssel besaßen sie nicht, allenfalls eine verlängerte Oberlippe. Auf ihre Verwandtschaft zu den Proboscidiern aber weist ihr Gebiß hin. Sie besaßen bereits verlängerte Schneidezähne im Unter- und Oberkiefer sowie eine größere Lücke zwischen den Backen- und Schneidezähnen, in welcher allerdings nur noch im Oberkiefer reduzierte Eckzähne standen.

Von der Unterordnung Moeritherioidea sind bislang nur zwei Familien, die Anthracobunidae und die Moeritheriidae mit fünf bzw. einer Gattung bekannt.

Die Deinotherien

Zu der Zeit, als die Moeritherioidea noch in dem oben beschriebenen Lebensraum anzutreffen waren, traten bereits die direkten Ahnen der heutigen Elefanten, die Elephantoidea, sowie die Vorläufer einer weiteren Rüsseltierunterordnung, der Deinotherioidea, auf den Plan.

Die ersten Deinotherioidea werden als Barytherien bezeichnet und wurden früher als eigenständige Unterordnung (Barytherioidea) angesehen. Heute dagegen werden sie in der Familie Barytheriidae zusammengefaßt, aus der sich dann im Oligozän die eigentlichen Deinotherien entwickelten.

Von der Familie Barytheriidae ist bislang erst eine Gattung *(Barytherium)* bekannt, deren früheste Funde

ebenso wie die des *Moeritherium* aus dem Eozän von Ägypten stammen. *Barytherium* war ein Proboscidier, der bereits eine ansehnliche Größe erreichte und dessen Molaren und die verlängerten Unterkieferschneidezähne sowie der Unterkiefer selbst an Deinotherien erinnern.

Die Vertreter der Familie Deinotheriidae, zu deutsch „Schreckenstiere" (vgl. Dinosaurier), sind in ihrer Gestalt bereits sehr deutlich als „Elefanten" auszumachen. Ihr Schädel, vor allen Dingen aber ihr Gebiß, weist sie jedoch als eigenständige Entwicklungslinie aus. Im Gegensatz zu ihren heutigen Verwandten saßen ihre „Stoßzähne" im Unter- und nicht im Oberkiefer. Sie wuchsen zunächst aus dem vorderen Teil ihres Kiefers nach unten und wiesen am Ende eine Krümmung nach hinten auf, was den Deinotherien auch den Namen „Hauerelefanten" eingetragen hat. Darüber hinaus unterscheiden sie sich auch durch die Ausbildung ihrer Molaren von allen anderen Rüsseltieren, damaligen wie heutigen. Ihre fünf Backenzähne (davon zwei Prämolaren) ähnelten riesigen Tapirzähnen; ihre Kaufläche bestand aus zwei bis drei scharfgratigen Jochen.

Die Deinotherien entwickelten sich in Afrika und eroberten von dort aus im Jungtertiär, vor zirka 24 Mio. Jahren, Mittel- und Südeuropa sowie Südasien. Jedoch erreichten sie, im Gegensatz zu anderen Rüsseltiergruppen, über die damals bestehenden Landverbindungen nicht den amerikanischen Kontinent. Die letzten Deinotherien lebten wie ihre Vorfahren in Afrika und starben im Pleistozän vor zirka 1,5 Mio. Jahren aus.

Evolution der Rüsseltiere

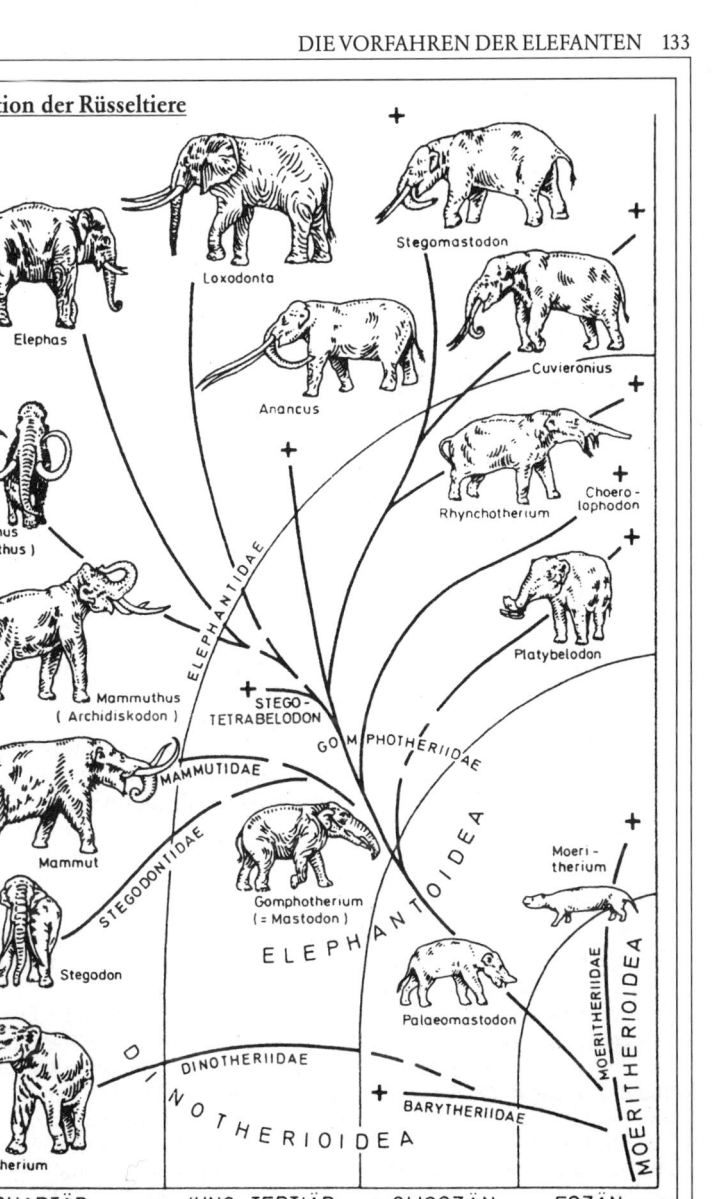

Stegomastodon

Loxodonta

Elephas

Anancus

Cuvieronius

Mammuthus
(Mammuthus)

Rhynchotherium

Choero-
lophodon

Platybelodon

Mammuthus
(Archidiskodon)

ELEPHANTIDAE

STEGO-
TETRABELODON

GOMPHOTHERIIDAE

Moeri-
therium

MAMMUTIDAE

STEGODONTIIDAE

Mammut

Gomphotherium
(= Mastodon)

ELEPHANTOIDEA

MOERITHERIIDAE

Stegodon

Palaeomastodon

MOERITHERIOIDEA

DINOTHERIIDAE

Dinotherium

NOTHERIOIDEA

BARYTHERIIDAE

| QUARTÄR | JUNG - TERTIÄR | OLIGOZÄN | EOZÄN |

Die Elephantoidea

Die Unterordnung der Elefantenähnlichen (Elephantoidea) entwickelte sich im Unteroligozän, vor ungefähr 36 Mio. Jahren, in genau demselben Gebiet wie alle anderen Vertreter der Proboscidea zuvor – an der Südküste der Tethys. Ihre vergrößerten Nasenöffnungen im Gesichtsschädel und deren Lage lassen auf einen kurzen Rüssel schließen. Sie verfügten über zu Stoßzähnen verlängerte Schneidezähne, sowohl im Ober- als auch im Unterkiefer. Diese als Gomphoterien (Pfahlzähner) bezeichneten ersten „Elefanten" bilden eine der insgesamt vier Familien der Elefantenähnlichen: Gomphoteriidae, Mammutidae, Stegodontidae und Elephantidae. In der älteren Literatur wurden die beiden erstgenannten, aufgrund der höckerigen Kaufläche ihrer Backenzähne, auch als Mastodonten (Zitzenzähner) zusammengefaßt.

Die Gomphotherien

Die Familie der Gomphoteriidae ist uns aus dem unteren Oligozän von Nordafrika mit zwei Gattungen (*Phiomia* und *Palaeomastodon*) überliefert. Es handelt sich dabei um zwei ähnliche Frühformen, die dennoch als Ahnen zweier unterschiedlicher Entwicklungsrichtungen angesehen werden. So wird *Palaeomastodon* als Vorfahre der späteren Mammutidae und Elephantidae, *Phiomia* als Stammform der Gomphoteriidae aufgefaßt.

Die Vertreter der Gattung *Phiomia* hatten eine Widerristhöhe von bis zu 2,50 m und entwickelten sich in der gleichen Region, in der

noch ihr wesentlich kleinerer entfernter Vetter – das *Moeritherium* – lebte. Während aber *Moeritherium* das Leben in den Küstensümpfen bevorzugte, war *Phiomia* sehr wahrscheinlich ein Waldbewohner. Seine Oberkieferstoßzähne waren stark abwärts gekrümmt, und in seinem Unterkiefer, der deutlich länger war als der Oberkiefer, saßen meißel- bis schaufelartige, gerade Stoßzähne.

Zwischen den letzten sicheren *Phiomia*-Funden im unteren Oligozän von Nordafrika und dem Auftreten der Gattung *Gomphotherium* im unteren Miozän vor 24 Mio. Jahren klafft eine Überlieferungslücke. Daher konnte bislang noch nicht bewiesen werden, daß *Gomphotherium* aus *Phiomia* hervorgegangen ist.

Die Gomphotherien, deren pfahlartige Unterkieferstoßzähne namensgebend waren, lebten fast 20 Mio. Jahre auf unserem Planeten. Ihr Unterkiefer mit den parallelen, leicht aufwärts gebogenen Stoßzähnen war sehr lang. Die oberen Stoßzähne waren groß, kräftig und abwärts gebogen. Die größeren Arten erreichten eine Widerristhöhe von über 3 m. Erstmals erschienen die Gomphotherien in Afrika. Sie breiteten sich sehr bald in Eurasien aus und eroberten vor ca. 17 Mio. Jahren den nordamerikanischen Kontinent über die damals landgängige Beringstraße. Die letzten Funde dieser Gattung stammen aus dem unteren Pliozän, 5 Mio. Jahre vor unserer Zeit. Mit der Gattung *Gomphotherium* starb zwar der erfolgreichste, aber lange nicht der letzte Vertreter der Gomphoteriidae aus.

Im westlichen Nordamerika entwickelte sich im oberen Miozän, vor

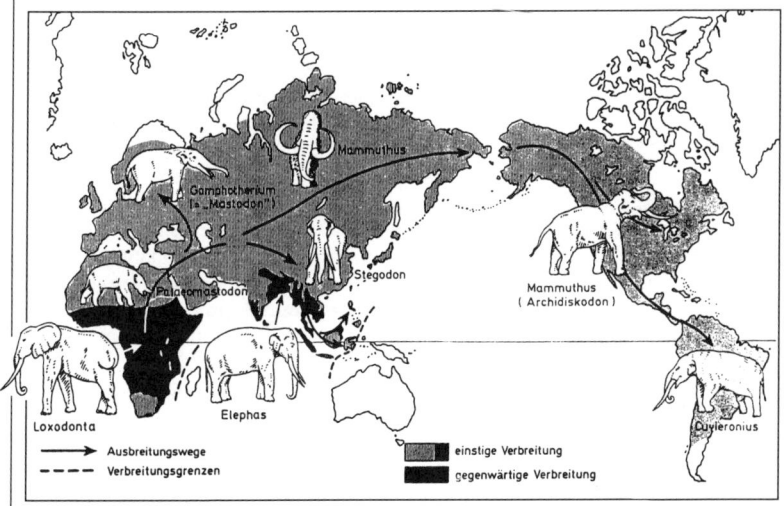

Ehemalige und gegenwärtige Verbreitungswege der Rüsseltiere

ca. 10 Mio. Jahren, aus den Nachfahren der eingewanderten Gomphotherien u. a. die Gattung *Cuvieronius*. Das auffälligste Merkmal von *Cuvieronius* waren seine spiralig gedrehten, narwalzahnähnlichen Stoßzähne. Diese Gattung der Gomphoteriidae, benannt nach dem französischen Paläontologen Cuvier (1769 – 1832), deren Überreste in Nord- und Südamerika gefunden werden, lebte noch vor wenigen tausend Jahren.

Eine der spezialisiertesten Gomphotherien-Gruppen waren die sogenannten Schaufelzähner. Ihre flachen Unterkieferstoßzähne lagen so dicht beieinander, daß sie eine bis zu 1 m lange Schaufel mit einer gemeinsamen Schneide bildeten. Damit konnten sie aus dem Schlamm Wasserpflanzen ausgraben. Diese so an das Leben an Flüssen und Seen angepaßte Gruppe

wird zu den Gattungen *Platybelodon* und *Amebelodon* gezählt. Sie waren im oberen Miozän (10 – 5 Mio. Jahre) in Eurasien, Afrika und Nordamerika beheimatet und starben nach einer relativ kurzen Phase aus.

Die Mammutidae

Anders als der Name vermuten läßt, werden unter der Familie Mammutidae keine Mammute zusammengefaßt. Dies liegt an der aus Prioritätsgründen erfolgten Umbenennung der Mastodontidae in Mammutidae. Dadurch kommt es in der populärwissenschaftlichen Literatur unweigerlich zu Verwechslungen mit den „richtigen" Mammuten. Um die Verwirrung komplett zu machen, hat auch noch heute, aus den o. g. Gründen, ein wichtiger Vertreter der Mammutidae den Gattungsnamen *Mammut,* das amerikanische Mastodon *Mammut americanus.*

Die Familie der Mammutidae entwickelte sich, wie schon oben angedeutet, vor 24 Mio. Jahren im unteren Miozän aus der Gattung *Palaeomastodon.* Funde aus dieser Zeit sind aus Eurasien und Afrika bekannt. Die unteren Stoßzähne dieser Tiere wurden im Laufe ihrer weiteren Entwicklungsgeschichte – wie bei den Elephantiden – kleiner und verschwanden schließlich. Charakteristisch für die Mammutidae („Mastodontidae") ist die vielhöckerige Kaufläche ihrer Backenzähne. Anders aber als bei den Gomphotherien sind diese Höcker in Reihen angeordnet.

Wie in der Familie der Elephantidae, so gab es auch bei den Mammutidae ausgeprägte Tundren- und Kältesteppentiere, die sich zu Beginn der Eiszeiten entwickelten. Das bekannteste Beispiel ist das *Mammut americanus,* welches ebenso wie das zu den Elephantidae gehörende Wollhaarmammut *(Mammuthus primigenius)* durch ein dichtes, zottiges Fell gegen die Kälte geschützt war. Die Mammutidae besiedelten Eurasien, Afrika und Nordamerika und starben gegen Ende der letzten Eiszeit vor etwa 10 000 Jahren aus.

Die Stegodontidae

Die Stegodontidae entwickelten sich gleichzeitig mit den Mammutidae im unteren Miozän, vor ca. 24 Mio. Jahren, in Afrika. Lange Zeit wurden sie fälschlicherweise als direkte Nachfahren der Mammutidae und als Ahnen der Elephantidae angesehen.

Der Körper der Stegodontiden war relativ lang und niedrig, wie der der Mammutidae, besaß aber bereits einen elephantoiden Schädel. Auch die Ausbildung ihrer Backenzähne schien die Auffassung zu bestätigen, sie wären das Bindeglied zwischen den Mammutidae und den Elephantidae. Da aber bei den Stegodontidenmolaren nie eine Entwicklung in Richtung Hochkronigkeit festgestellt werden konnte, ein weiteres wichtiges Elefantenmerkmal, mußte diese Vorstellung aufgegeben werden.

Die Familie der Stegodontidae besteht nur aus den beiden Gattungen *Stegolophodon* und *Stegodon.* Diese Tiere waren Bewohner eines tropischen bzw. subtropischen Lebensraumes. Von Afrika aus verbreiteten sie sich über den südost- und südasiatischen Raum. Während der pleistozänen Eiszeiten und den damit einhergehenden Meeresspiegelabsenkungen konnten sie auch Taiwan, Japan sowie die indonesischen und philippinischen Inselgruppen besiedeln. Hier entstanden nach der durch den wiederangestiegenen Meeresspiegel bedingten geographischen Isolierung Stegodontiden-Zwergformen. Die jüngsten bekannten Stegodontiden-Funde stammen aus dem oberen Pleistozän Südostasiens.

Die Elephantidae

Die Familie der Elefantenartigen entwickelte sich vor ca. 10 Mio. Jahren im oberen Miozän, und zwar dort, wo fast alle Proboscidier-Entwicklungen ihren Anfang nahmen: in Afrika. Der Stammvater aller Elefanten *Primelephas* hatte nur noch sehr kleine untere

<u>Entwicklung von Schädel- und Backenzahnformen der Rüsseltiere</u>

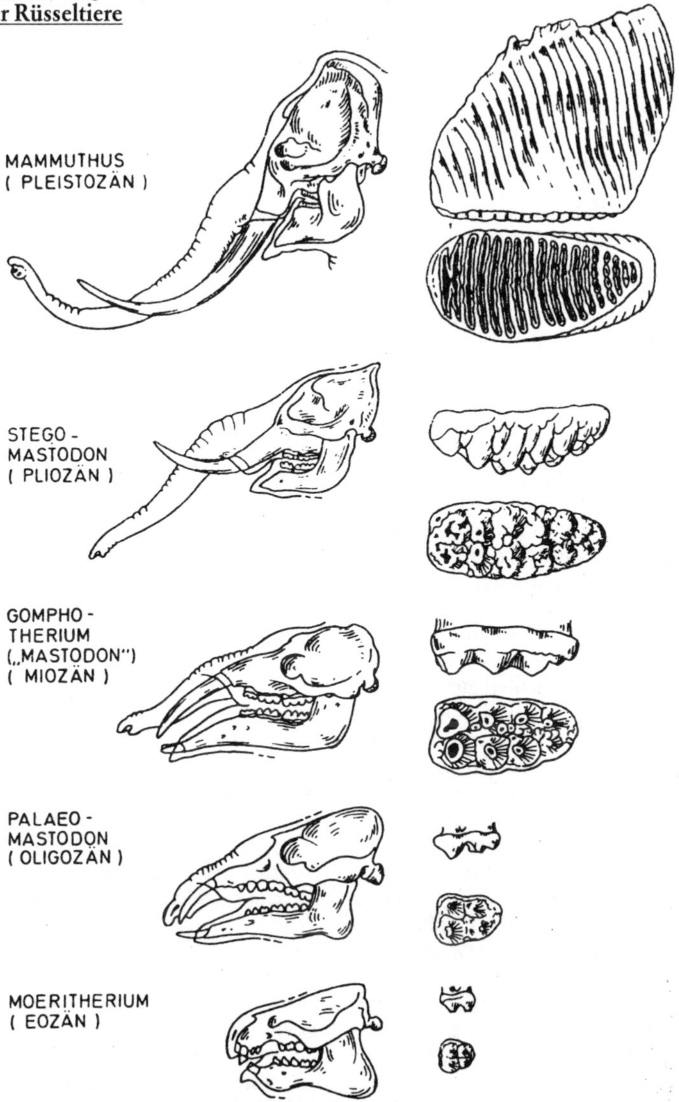

MAMMUTHUS
(PLEISTOZÄN)

**STEGO-
MASTODON**
(PLIOZÄN)

**GOMPHO-
THERIUM**
(„MASTODON")
(MIOZÄN)

**PALAEO-
MASTODON**
(OLIGOZÄN)

MOERITHERIUM
(EOZÄN)

Stoßzähne und verfügte bereits über andeutungsweise hochkronige Backenzähne. Dieser Umbau der Backenzähne zu hypsodonten (= hochkronigen) Lamellenzähnen ist der wichtigste Evolutionsschritt hin zu den heutigen Elefanten. Dazu ein kleiner Exkurs:

Bei den Elephantiden werden die Backenzähne aus einer Vielzahl von hintereinanderliegenden Schmelzfalten, den sogenannten Lamellen aufgebaut. Jede besteht aus Zahnbein mit einem Überzug aus hartem Zahnschmelz. Der Raum zwischen zwei Lamellen ist mit einer relativ weichen Substanz, dem Kronenzement ausgefüllt. Durch die unterschiedlich harten Materialien ist auch bei andauernder Nutzung gewährleistet, daß die Kauflächen der Backenzähne nie glattgeschliffen werden, sondern immer eine genügende Rauheit behalten. Diese „Erfindung" eröffnete den Elefanten einen neuen Lebensraum, der von den höckerzähnigen „Mastodonten" nicht genutzt werden konnte. Sie eroberten die Savannen und Grassteppen. Während ihre Vorfahren auf weiche Blätternahrung angewiesen waren, ermöglichten die hochkronigen Lamellenzähne den Elefanten, die silikathaltigen, harten Gräser zu zerschneiden, ohne daß ihre Backenzähne glattpoliert wurden.

Aus der Gattung *Primelephas* entwickelten sich, beginnend im Pliozän, die drei Hauptlinien der Elephantidae, die Gattungen *Mammuthus, Elephas* und *Loxodonta*.

Die ersten Vertreter der Gattung *Mammuthus* erschienen vor etwa 5 – 3,5 Mio. Jahren im unteren Pliozän in Afrika. Sie waren nicht wie ihre berühmten Nachfahren Bewohner einer Kältesteppe, sondern besiedelten Savannen, Buschsteppen und Wälder. In ihrer Gestalt ähnelten sie dem heutigen Asiatischen Elefanten, hatten aber wesentlich längere Stoßzähne und erreichten eine Schulterhöhe von über 4 m. Erst im Jungpleistozän, vor ungefähr 125 000 Jahren, entwickelte sich über vermittelnde Zwischenformen das vorzüglich an die eiszeitliche Kälte angepaßte Wollhaarmammut *(Mammuthus primigenius)*.

Das Wollhaarmammut war mit einer Schulterhöhe von ca. 2,70 m ziemlich klein. Zum Schutz gegen die Kälte besaß es dichtstehende Wollhaare, über denen schwarze – und nicht rotbraune, wie man lange Zeit annahm – Deckhaare lagen. Der Fetthöcker oberhalb der Schultern kann als Vorratsdepot gedeutet werden. Die Gattung *Mammuthus* verschwand gegen Ende der letzten Eiszeit vor ca. 10 000 Jahren aus noch unbekannten Gründen, nachdem sie von Afrika aus Eurasien und Nordamerika erobert hatte. Auch aus dieser Elefantengattung sind Zwergformen bekannt, deren Überreste z. B. auf der indonesischen Insel Celebes und auf Santa Rosa vor der kalifornischen Küste gefunden wurden.

Zeitgleich mit der *Mammuthus-*Gruppe entwickelte sich in Afrika die Gattung *Elephas,* die sich im Laufe ihrer Entwicklungsgeschichte über den gesamten südlichen Teil Eurasiens ausbreitete. Typische Vertreter dieser Gattung waren die sogenannten Waldelefanten, zu denen auch *Elephas namadicus* (früher: *Palaeoloxodon antiquus*) gehört.

Elephas namadicus lebte vor 550 000 bis 70 000 Jahren in den Wäldern Eurasiens. Es war ein an ein warmes Klima angepaßtes Tier, das in den Zwischeneiszeiten, in denen zeitweise sogar auf den Britischen Inseln subtropische Verhältnisse herrschten, in fast ganz Europa heimisch war. Dieser Verwandte des heutigen Asiatischen Elefanten *(Elephas maximus)* war in der Eem-Warmzeit – vor ca. 125 000 bis 70 000 Jahren – eine beliebte Jagdbeute des prähistorischen Europäers. Mit dem Vorrücken der Gletscher zum Beginn der letzten Eiszeit vor ca. 70 000 Jahren starben die Waldelefanten aus. Lediglich auf den Mittelmeerinseln (Malta, Kreta, Zypern, Sizilien usw.) konnten sich zwei Unterarten von *Elephas namadicus* noch etliche Jahrtausende behaupten; die Zwergelefanten *Elephas namadicus falconeri* und *Elephas namadicus mnaidriensis.* Dabei hatte *Elephas namadicus falconeri* mit einer Schulterhöhe von 90 cm knapp die Größe eines Rehes.

Der einzige heute noch lebende Vertreter dieser Gattung ist der Asiatische Elefant *(Elephas maximus)*, der in historischer Zeit noch u. a. in ganz Vorderasien anzutreffen war.

Die dritte Elefantengattung *Loxodonta*, zu der auch der Afrikanische Elefant *(Loxodonta africana)* gerechnet wird, ist die erdgeschichtlich jüngste Rüsseltierentwicklung. Sie erschien zum erstenmal im unteren Pleistozän, vor ca. 1,7 Mio. Jahren, in Afrika und verbreitete sich über den gesamten Kontinent. Während der Afrikanische Elefant noch bis vor wenigen tausend Jahren auch in Nordafrika lebte, so ist er heute nur noch südlich der Sahara anzutreffen.

Michael Herholz

Im Tiefkühlschrank der Natur: Europäische Rüsseltierfunde

Knochenreste von Großtieren aus dem Pleistozän – insbesondere von Rüsseltieren – sind schon seit dem klassischen Altertum gefunden worden. Sie haben bis in die neuere Zeit hinein eine ganz besondere Rolle in den Sagen und Überlieferungen und damit in der Kulturgeschichte des Menschen gespielt.

Bereits im alten Griechenland hielt man solche Funde für die Knochen verstorbener Drachen oder Riesen. Gerade ein Elefantenschädel mit der auffälligen Nasenöffnung, die zwei verschmolzene Augenhöhlen vortäuscht, kann leicht zum Glauben an das Vorhandensein riesenhafter einäugiger Lebewesen verführen. Noch in der zweiten Hälfte des 17. Jahrhunderts grub man fossile Elefantenschädel aus der sizilianischen Erde. Der berühmte Wissenschaftler Athanasius Kircher reiste eigens nach Sizilien, um diese Schädel zu besichtigen und die Fundplätze zu untersuchen. Wahrscheinlich handelte es sich um Zwerg-Elefanten *(Palaeoloxodon/Elephas falconeri)*, die dem pleistozänen Waldelefanten nahestanden und damals die Mittelmeerinseln bewohnten.

Der Schein des Sagenhaften und Unheimlichen, der den fossilen Knochen anhaftete, war so stark, daß viele Fossilien in Burgen, Domen, Kirchen und öffentlichen Gebäuden ausgestellt oder sogar als Wahrzeichen über den Portalen aufgehängt wurden. Die angeblichen Riesen- und Drachengebeine galten als Glücksbringer, sollten das Böse verscheuchen und wurden oft teuer bezahlt.

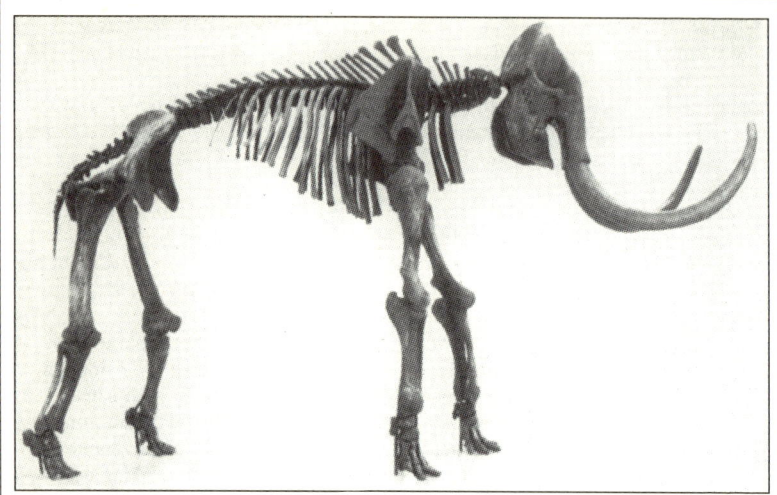

Das 1910 in Ahlen (Westf.) gefundene Skelett eines Mammuts

Als im Jahre 1443 am Wiener Stephansdom Ausschachtungen vorgenommen wurden, fand sich in der Erde der Oberschenkelknochen eines Mammuts. Man hängte ihn an ein Wiener Stadttor. Ein Steinmetz meißelte die Jahreszahl 1443 und den Wahlspruch Kaiser Friedrichs III. hinein: A.E.I.O.U. („Alles Erdreich ist Österreich untertan"). Über die Wiener Hofburg gelangte der Knochen dann in das Geologische Institut der Wiener Universität.

Manche der in den alten Berichten erwähnten „Riesengebeine" blieben bis heute in den Sammlungen erhalten, so auch die „Luzerner Knochen", die im Jahre 1577 unter dem Wurzelwerk einer Eiche in der Nähe von Luzern gefunden wurden. Die Finder wollten die alten Gebeine schon – in der Annahme, sie seien menschlichen Ursprungs – auf dem städtischen

Kirchhof zur Ruhe betten. Da schaltete sich der Arzt Felix Platter aus Basel ein und bat, sie untersuchen zu dürfen. Nach gründlichem Studium erklärte Dr. Platter schließlich, es handle sich um die Überreste eines etwa sechs Meter hohen Riesen. Und da Riesen kein christliches Begräbnis verdienten, wurden die Knochen im Luzerner Rathaus ausgestellt. Dort sah sie dann zwei Jahrhunderte später der deutsche Zoologe Johann Friedrich Blumenbach und stellte fest, daß es Mammutknochen waren.

Fast jedes Land besitzt seinen Nationalriesen, dessen Vorhandensein durch einen versteinerten Knochen belegt wurde. Ein Mammutknochen hing über dem Eingang des Erfurter Doms. Reste fossiler Elefanten wurden in Belgien als Giganten, in Spanien sogar als Gebeine des heiligen Christophorus bezeichnet. Gerade das Mammut nährte demnach die Riesen- und Fabeltiersagen in ganz besonderem Maße. Eine aufsehenerregende Mammutausgrabung wurde im Jahre 1645 am Hundssteig bei Krems in Niederösterreich vorgenommen, als schwedische Truppen unter General Torstensen dort Schanzgräben auswarfen. Was die Schweden fanden, das schilderte zwei Jahre darauf der berühmte Künstler und Städtezeichner Matthäus Merian in seinem „Theatrum Europaeum". Zwei der Zähne bildete Merian ab und nannte sie „Zähne eines Riesen". Das Bild zeigt deutlich, daß es sich um Mammutbackenzähne gehandelt hat.

Ein riesiger Haufen von Mammutknochen, den ein Grenadier im April 1700 am Neckarufer bei Cannstatt fand, hatte ein besonderes Schicksal. Herzog Eberhard Ludwig von Württemberg ordnete systematisches Weitergraben an, und ein halbes Jahr darauf hatte man siebzig Stück fossilen Elfenbeins zusammen. Nun trafen sich in Stuttgart die Gelehrten, um auf herzoglichen Befehl ein „hochvernünftiges Gutachten" anzufertigen über die Frage, „ob diese Hörner und Beine nur als ein Spiel und Werk der Natur in der Erde gewachsen oder ob sie von lebendigen Tieren im Mutterleib geboren sind oder ob man alles Menschenbeinen zurechnen kann".

Die Gelehrten, die das Gutachten anfertigen sollten, gerieten bald in heftigen Streit. Einer meinte, die Knochen seien die Überreste von Hannibals Elefanten, die nach Überquerung der Alpen in Germanien umgekommen seien. Ein anderer glaubte, es handle sich um Knochen aus einer alten römischen Opferstätte. Ein dritter erklärte, diese Fossilien seien „Wirkung und Angedenken der Sintflut". Die Auseinandersetzungen waren so erbittert, daß sich die Gegner bis zu ihrem Tode nicht mehr versöhnten.

Immerhin konnten sich die schwäbischen Gelehrten auf eines einigen: Die Cannstatter Knochen waren keine mineralischen Gebilde, sondern gehörten ins Tierreich. Im Jahre 1703 verbrannte nämlich der Arzt Johann Samuel Kerl aus Öhringen einige Knochenstücke. Beim Verbrennen zeigte sich „ein flüchtiger urinöser Geist nebst stinkendem Öl"; und dieser tierliche Gestank bewies bündig, daß es sich hier um organische Reste handelte.

Die vieldiskutierten Cannstatter Knochen wanderten teils ins Stuttgarter Naturalienkabinett, teils als fürstliche Geschenke in die Kuriositätenkammern anderer Landesherren. Die Zähne aber wurden zum größten Teil in der Stuttgarter Hofapotheke zu Arzneipulver zerrieben. Das lag daran, daß Mammutfunde der Legende vom biblischen Einhorn neuen Auftrieb gegeben hatten. Horn vom Einhorn galt als die beste aller Medizinen. Überall blühten damals Einhorn-Apotheken auf. Das Einhorn ist ja bis heute das Wahrzeichen der Apothekerzunft geblieben.

Die abendländische Menschheit glaubte noch im 17. Jahrhundert fest an die Existenz des Einhorns. Deshalb versuchte man verschiedentlich, das legendäre Tier anhand von Mammutfunden zu rekonstruieren. Im Jahre 1663 entdeckten Arbeiter in einem Gipssteinbruch auf dem Zeunicken-

Linker Fuß des Mammutskeletts von Ahlen

berg bei Quedlinburg zahlreiche Mammutknochen und Mammutzähne. Der Magdeburger Bürgermeister Otto von Guericke, ein berühmter Physiker, der als Erfinder der Luftpumpe bekannt wurde, unternahm den Versuch, aus diesen Knochenresten das Skelett des Einhorns zusammenzustellen. Die Zeichnung, die er von dieser Rekonstruktion anfertigte, blieb erhalten; denn der Philosoph Leibniz druckte sie in seinem Werk „Protogaea" ab. Guerickes phantastisches Skelettbild entbehrt zwar jeder Wirklichkeit, aber immerhin muß ihm zugestanden werden, daß er als erster den Versuch unternahm, ein fossiles Lebewesen zu rekonstruieren.

Ähnlich phantastisch war eine Fabeltierzeichnung, die der schwedische Rittmeister Tabbert von Strahlenberg um 1720 als russischer Kriegsgefangener in Sibirien anfertigte. Auch sie fußt auf Mammutfunden in der sibirischen Taiga und soll das Einhorn darstellen. Daß es Mammute im sibirischen Eis gibt, wußte man schon vor Jahrhunderten. Immer wieder stießen Tungusen und andere Tundrajäger auf eingefrorene große Tierkadaver. Sie pflegten dann auf das Auftauen der Eisblöcke zu warten, um die Stoßzähne an sich nehmen zu können. Das Fleisch verfütterten sie an ihre Hunde, sofern ihnen nicht hungrige Bären, Wölfe und Füchse zuvorkamen.

Die Nachrichten über das sibirische Mammut waren bis zu Beginn des 19. Jahrhunderts erstaunlich lückenhaft. Nach wie vor standen die europäischen Mammutfunde im Vordergrund. Im Jahre 1799 erkannte der deutsche Zoologe Johann Friedrich Blumenbach in Göttingen, daß sie zu einer anderen Art gehörten als die beiden lebenden Elefantenformen. Er gab ihnen darum den Namen *Elephas primigenius* – auf deutsch: „Erstgeborener Elefant". Heute trägt das Tier die wissenschaftliche Bezeichnung *Mammonteus primigenius (Mammuthus primigenius)*.

Herbert Wendt:
„Entwicklungsgeschichte der Lebewesen"

Im Dauerfrostboden Sibiriens wurden erstmals 1692 Knochenfunde von Mammuten entdeckt. Auch aus dem 18. und 19. Jahrhundert liegen Berichte über derartige Funde vor. Doch zu den berühmtesten Funden zählt zweifellos das Berezowka-Mammut. Im Jahre 1901 wurde es von Dr. Otto Herz unter schwierigsten Umständen geborgen. Hierzu ein Auszug aus seinem Bericht an die Petersburger Akademie.

Akademiebericht 1901

Im April wurde die Kaiserliche Akademie zu St. Petersburg durch den Gouverneur von Jakutsk benachrichtigt, daß am Steilufer der Berezowka, einem Nebenflusse der Kolyma, etwa 800 Meilen westlich von der Beringstraße und hart am Polarkreis gelegen, ein gefrorenes Mammut in vorzüglicher Erhaltung ausfindig gemacht worden sei. Der inzwischen verstorbene Zoologieprofessor Dr. O. F. Herz wurde zusammen mit dem Präparator Pfizenmeyer und dem Geologen Sebastianoff am 3. Mai 1901 in die Fundgegend entsandt, allwo er mit seinen Begleitern am 9. September ankam. Wir entnehmen seinem Akademiebericht den folgenden freien Auszug:

31. August bis 5. September. In Mysova an der Kolyma angekommen, hörte ich, daß der Kosak Yawlowski etwas entmutigende Nachrichten gebracht. Er hatte die Absicht, im Frühjahr den Fundplatz zu besuchen und die bloßgelegten Teile durch Steine und Erde gegen den Regen und die Raubvögel zu schützen. Krankheit hatte ihn hieran verhindert, und als er später an die Stelle kam, sah er, daß der Nacken und Rücken des ehedem intakten Tieres ganz der Luft ausgesetzt und daß der größte Teil der Kopfhaut durch die Bären und Wölfe verzehrt worden war. Auch der Rüssel war von Anfang an verschwunden. Der gleiche Yawlowski berichtete mir die Einzelheiten der ersten Entdeckung des Kadavers. Mitte August 1900 befand sich der Lamute Tarabykin, der das Mammut ausfindig gemacht, auf der Jagd auf Damwild; er fand hierbei einen Mammutstoßzahn, der etwa 166 englische Pfund wog, jedoch nicht zu unserem Tier gehörte; unter ihm entdeckte er alsbald den wohlerhaltenen Kopf eines zweiten Mammuts, der aus dem Boden heraussah, aber nur mehr einen Stoßzahn besaß. (...) Yawlowski ließ sich an die Stelle führen, schnitt ein Stück Kopfhaut, Schenkel und Magen aus dem Kadaver als Belegstücke heraus und meldete die Angelegenheit dem Gouverneur.

11. September. Das Mammut befindet sich eine Drittelmeile von unseren Zelten entfernt, 35 m über dem linken Berezowkaufer. Der Körper liegt in einem Steilufer, dessen Oberfläche ein sumpfiger Wald bedeckt. Die oberste Schicht besteht aus moosbedeckter Erde von 30 – 52 cm Dicke; darunter befindet sich eine Erdmasse zu $1/3$ Ton und $2/3$ Lehm, die 2 – 4 m mächtig und mit Steinen, Wurzeln, Holztrümmern und dicken Eisstücken vermengt ist. Darunter lagert eine senkrechte Eiswand. Ich begann alsogleich die Erdmasse zu durchgraben, wo sich das Mammut befand; bald hatte ich den ganzen Kopf bloßgelegt, aber leider war der größte Teil der Haut durch Raubtiere verzehrt worden. Zu meiner großen Überraschung fand ich zwischen den

Zähnen Reste von Nahrung, die gut erhalten waren, was beweist, daß das Tier nach kurzem Todeskampfe in der Stellung, in der es lag, verendet war. Der Inhalt des Maules stimmte nämlich genau mit dem des Magens überein. (…) 68 cm tiefer fanden wir den linken Vorderfuß, dem noch die Haare anhafteten, indes die Epidermis zerstört war. Die Haare der Oberseite dieses Teils sind hellbraun und gegen unten 25 – 30 cm lang; oben sind sie nur 10 – 12 cm lang und rotbraun. Der linke Fuß ist abgebogen, ein Beweis, daß das Mammut versucht hat, sich aus der Eisspalte herauszuarbeiten, in die es gefallen war; aber ohne Zweifel schwer verletzt, konnte es nicht emporkommen. Bei Fortsetzung der Grabung stießen wir auf den rechten Vorderfuß, der während des Falles nahezu unter den Unterleib zu liegen gekommen war. Nur ein unbedeutender Teil Haare war erhalten; am linken Hinterfuß fand ich Fleischfetzen, an denen man noch leicht die Muskeln unterscheiden konnte. Der sich entwickelnde Fäulnisgeruch war nahezu unerträglich.

12. September. Nachdem wir die Erde unter dem linken Vorderfuß entfernt hatten, sahen wir auch die dichten Haare, die dessen Unterseite bedeckten und sich besonders reich am Fußgelenk befanden. Sie sind hellbraun und mit dicken, steifen Grannenhaaren von 10 – 12 cm Länge durchsetzt. Fünf enorme Zehen von Hufform bilden das Fußende. Die Behaarung des linken Hinterfußes war rotbraun und 4 – 12 cm lang. Nachmittags wurde endlich auch der rechte Vorderfuß völlig bloßgelegt, dessen Bekleidung, wohl durch die abrutschenden

Erd- und Eismassen des Steilufers, vollständig weggerissen war; seine Stellung zeigte an, daß sich das Tier nach seinem Sturz ebendarauf gestützt haben muß, während es mit dem linken Vorderfuß sich befreien wollte. Es ist sicher hier verendet, kaum durch Hunger, da sein Magen noch große Speisemengen enthielt.

14. September. Unter den Vorderfüßen fand sich eine Eisschicht, die sich unter dem ganzen Körper fortsetzte und bis zu 70 cm dick war.

17. September. Nach meiner Ansicht ruht das ganze Steilufer auf einem alten Gletscher, der mit Löchern und Spalten durchsetzt ist; diese füllten sich von den benachbarten Hügeln aus allmählich mit Erde, Steinen u. dgl., und eine Tundrenflora wuchs auf der neuen Oberfläche. Zu dieser Zeit war diese ohne Zweifel noch nicht stark genug, das Gewicht eines Mammuts zu ertragen, und unser Tier stürzte so jedenfalls in eine alte, leicht verdeckte Spalte ein, wobei es sich unter der Wucht des Sturzes selbst einige seiner massivsten Knochen, wie das Becken, brach. Seine schweren Verletzungen erlaubten ihm nicht mehr, trotz kurzer Versuche, sich zu befreien, und so ging es rasch zugrunde. (…)

25. September. Die Nahrung, die sich zwischen den Zähnen findet, scheint gekaut und nicht aus Fichten- oder Lärchennadeln zu bestehen, sondern ausschließlich aus Gräsern. Etwas Futter lag auch auf der Zunge, die wohlerhalten ist. (…)

2. Oktober. Heute begannen wir, den Rücken freizulegen; mehrere Rippen waren gebrochen. Gegen die Mitte des Leibes fanden wir eine hellbraune Behaarung von 20 – 30 cm Länge; an

Fossiler Gletscher im Nördlichen Eismeer

der Wange eine solche von schwarz-
brauner Farbe von 20 cm Länge.

3. Oktober. Wir haben heute an
der Seite den Magen bloßgelegt, der
ganz gefroren ist und erst auftauen
muß; er enthielt eine immense Menge
Speisereste, die dunkelbraunen
Magenwände sind in sehr schlechtem
Zustand; auch die übrigen Organe
sind ziemlich zerstört. Nachmittags
entfernten wir die rechte Schulter; das
Fleisch an ihr ist sehnig und mit Fett
durchsetzt und sieht so frisch her, als
ob es gefrorenes Rinder- oder Pferde-
fleisch wäre. Es war so appetitlich, daß
wir uns fragten, ob wir es nicht kosten
sollten, aber niemand wollte das
Risiko wagen. Die Hunde dagegen ver-
schlangen alles gierig, was man ihnen
zuwarf. Die Fettschicht unter der Haut
ist 9 cm dick, weiß und geruchlos; die
Haut selbst hat unter der Schulter eine

mittlere Dicke von 2 cm. Die dichten
Haare der Vorderbrust waren, obwohl
abgebrochen, 36 cm lang und müssen
wohl ursprünglich 50 cm gemessen
haben. Die Schulter trug die längsten
Haare, die wir bisher fanden; jene des
Unterleibs sind rotbraun an der Wurzel, hellbraun in der Mitte und gelb-
lich an ihren äußeren Enden.

6. Oktober. Wir entnahmen dem
Magen 27 Pfund Futter und zerschnit-
ten den rechten Vorderfuß, dessen
Fleisch und Fett sehr gut konserviert
war. (...)

8. Oktober. Das Fleisch des Bek-
kens, dessen wir uns heute bemächtig-
ten, ist noch gefroren und hart wie
Stein; der rechte Hinterschenkel trägt
Haare von rotbrauner bzw. schwärz-
licher Farbe.

10. Oktober. Nachdem wir ungefähr 270 Pfund Fleisch entfernt hatten,

begannen wir die Haut des Unterleibes wegzulösen, die sehr dick war und die wir uns nun zu zerschneiden entschlossen. Als wir ein ungefähr 470 Pfund schweres Stück davon entfernt hatten, entdeckten wir zu unserer großen Freude den Schweif des Mammuts; unser Jubel hierüber war so laut, daß wir die Haut auf den Boden legten und in drei Hurras ausbrachen. Der Schweif ist kurz und hat nur 36 cm Länge und 32 cm Umfang an seiner Wurzel. Er besteht aus 22 oder 25 Schweifwirbeln, ist rotbraun behaart und trägt an seinem Ende eine 30 cm lange Grannenhaarquaste.

11. Oktober. Verpackung der verschiedenen Teile des Mammutkadavers zum Transporte.

Hugo Obermaier:
„Fauna des Eiszeitalters"

Mensch und Mammut

Darstellungen von Beutetieren gehören zu den ältesten menschlichen Kunstzeugnissen. Die Häufigkeit, mit der das Mammut von prähistorischen Künstlern als Thema verwendet wurde, zeigt die Bedeutung dieses Tieres für den Frühmenschen.

Prähistorische Rüsseltierdarstellungen

Erste Forscher der Frühgeschichte hatten zusammen mit Hinterlassenschaften des altsteinzeitlichen Menschen immer wieder die Reste von Mammuten und weiteren Tieren der Eiszeit gefunden. In den altsteinzeitlichen Kulturschichten stieß man sogar auf Schnitzereien und kleine Bildwerke

Mammutstatuette aus Elfenbein (50 mm) aus der Altsteinzeit (Vogelherdhöhle)

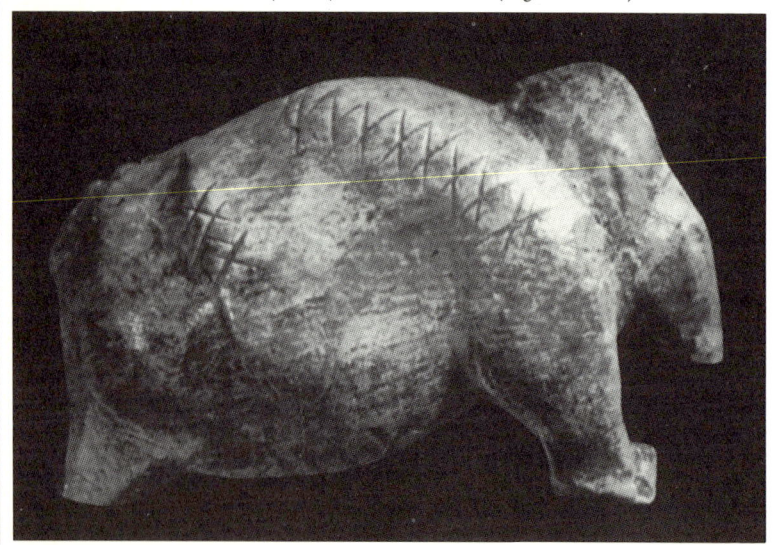

aus Mammutelfenbein. Daraus zogen diese Forscher den Schluß, der Altsteinzeitmensch müsse schon zur Eiszeit gelebt haben, zusammen mit Mammuten und anderen pleistozänen Tieren, die offensichtlich seine Jagdbeute gewesen waren.

Diese Ansicht stieß mehr als ein halbes Jahrhundert lang auf den schärfsten Widerspruch der Wissenschaftler. Zu ihren entschiedensten Kritikern gehörte neben (…) Rudolf Virchow auch der dänische Zoologe und Prähistoriker Johann Japetus Steenstrup. Immer wieder betonte Steenstrup, Eiszeitmenschen habe es nicht gegeben; deshalb habe auch der Mensch ein Eis- zeittier wie das Mammut nie gekannt.

Die Auseinandersetzungen kreisten vor allem um einen Fundort in der Nähe des mährischen Dorfes Předmost. Hier hatten Bauern einen vierunddreißig Meter hohen Lößhügel, der voller Fossilien steckte, nach und nach abgetragen. Durch Zufall erfuhr der Prähistoriker Heinrich Wankel davon. Er wandte sich sofort an das Innenministerium (…) und nahm dann mit Unterstützung der Brünner Akademie großangelegte Grabungen vor. Unmassen von Mammutknochen kamen dabei zutage, außerdem aber auch Menschenknochen aus jener altsteinzeitlichen Kulturepoche, die rund zwanzigtausend Jahre zurückliegt.

Die österreichischen und tschechischen Entdecker zweifelten nicht daran, daß sie hier auf Lagerplätze nomadischer Mammutjäger gestoßen waren. Doch Steenstrup erhob energisch Einwand. Er studierte die Fundstelle von Předmost und wies in einem aufsehenerregenden Bericht darauf hin, daß Tungusen und andere Jägervölker Nordasiens auch heute noch die Mammutkadaver, die sich im Eis finden, regelrecht auszuschlachten pflegen. Warum sollte das nicht einst in Mähren ähnlich gewesen sein?

Steenstrup aber wurde schnell widerlegt. Unmittelbar nach seinem Aufenthalt in Předmost, im Jahre 1895, fand Notar Kriz ein Mammutfigürchen, das ein altsteinzeitlicher Jäger einst aus einem Mammutstoßzahn geschnitzt hatte. Es war eine vollendete, lebensechte Darstellung. Sogar der große Buckel war darauf zu sehen, ein Kennzeichen, von dem die Zoologen damals noch nichts wußten und dessen Vorhandensein erst nach 1900 durch die Entdeckung der Höhlenbilder endgültig bewiesen wurde.

Als dann an vielen Plätzen unzählige Mammutbilder gefunden wurden, war es endgültig klar, daß Mensch und Mammut in der Würm-Eiszeit Zeitgenossen gewesen waren. Der Altsteinzeitmensch hatte die Mammute einzeln oder in Herden dargestellt, Bullen, Kühe und Kälber, manchmal angreifend, zuweilen auch in kunstvoll angelegten Fallgruben gefangen, hie und da mit eingezeichneten Pfeilen, die einem vorzeitlichen Jagdzauber gedient hatten. Als gute Naturbeobachter haben die alten Höhlenmaler die zottige Behaarung, den gewaltigen Rückenbuckel und die Stellung der gekrümmten Stockzähne fast durchweg völlig naturgetreu wiedergegeben. Erst seitdem wissen die Zoologen, wie das Mammut wirklich ausgesehen hat.

Herbert Wendt:
*„Entwicklungsgeschichte
der Lebewesen"*

Die Biologie des Elefanten

Lange blieb das größte lebende Landsäugetier auch das unbekannteste. Die Anfänge der exakten Sammlung anatomischer Kenntnisse können auf das Ende des 18. Jahrhunderts datiert werden und dauern bis heute an. Erst vor wenigen Jahrzehnten begann die Erforschung seines Verhaltens.

Schädel eines jungen Asiatischen Elefanten von vorne; Zeichnung von J. W. v. Goethe aus den „Morphologischen Schriften"

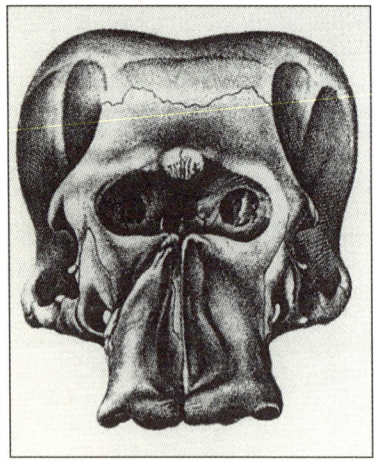

Alles bei diesem Koloß ist einmalig oder gigantisch: so zum Beispiel die elfenbeinernen Stoßzähne, das Universalwerkzeug Rüssel, die riesigen Ohren oder sein schier unersättlicher Appetit.

Die Zähne

Beim afrikanischen Elefanten werden die Stoßzähne bis zu drei Meter lang, bei dem ausgestorbenen eiszeitlichen Elefanten (Elephas antiquus) konnten sie sogar eine Länge von fünf Metern erreichen. Da die Stoßzähne in den Prämaxillaria gebildet werden, handelt es sich um Schneidezähne mit Dauerwachstum, die dementsprechend zeitlebens eine kegelförmige, basal verbreitete Pulpa besitzen. Daß im Innern des wachsenden Stoßzahnes eine ständige Bildung von Zahnbein stattfindet, demonstriert der Fall eines Zahnes, in welchem eine eingedrungene eiserne Speerspitze von Zahnbein eingehüllt wurde.

Mit Ausnahme einer anfänglich an der Zahnspitze vorhandenen Schmelzbedeckung, die jedoch bald abgerieben wird, besteht der ganze Stoßzahn aus Zahnbein, das schon seit alter Zeit als Elfenbein für Skulpturen verwendet wird. Nicht von gleicher Qualität sind die Stoßzähne des eiszeitlichen Mammuts aus Sibirien. Die Eckzähne des Walrosses werden ebenfalls als Ersatz von Elefanten-Elfenbein verwendet, sind aber diesem nicht gleichwertig. Seiner Elastizität wegen wird Elfenbein auch zur Herstellung von Billardkugeln verwendet.

Die bereits erwähnte kleine Anzahl der Backenzähne wird durch deren bedeutende Größe kompensiert. Jeder Zahn besteht aus einer

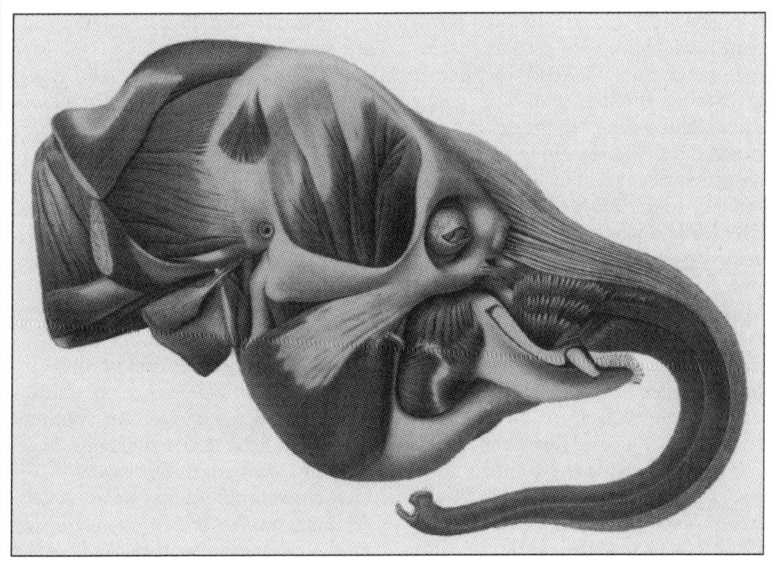

Kaumuskulatur und Muskulatur des Rüssels

Anzahl von hintereinanderliegenden Lamellen, zwischen denen Zahnzement liegt. Das Innere jeder Lamelle ist von Zahnbein erfüllt. Die Zahl dieser Lamellen nimmt vom ersten bis zum letzten Backenzahn zu. Sie ist beim afrikanischen Elefanten kleiner als beim indischen. Am größten ist sie beim Mammut, bei dem schon 27 und sogar 30 Lamellen festgestellt worden sind. Vor dem Einsetzen der Abnützung sind die Lamellen in fingerförmige Fortsätze, die sog. Digitellen, ausgezogen. Bei der Abnützung entsteht ein für die einzelnen Elefantenarten charakteristisches Muster. Wie bei anderen weitgehend an pflanzliche Nahrung angepaßten Säugetieren wird auch bei den Elefanten durch die Zusammensetzung der Zähne aus drei verschiedenen Hartsubstanzen erreicht, daß die Kaufläche auch bei langdauernder Abnützung stets die notwendige Unebenheit und Rauhigkeit beibehält. Weil die Kaufläche nicht senkrecht, sondern schräg zur Richtung der Lamellen verläuft, wird bei dem horizontalen Zahnwechsel jeder Backenzahn bis auf einen verschwindend kleinen Rest aufgebraucht, was bei der beschränkten Zahl der Zähne von vitaler Bedeutung ist. Von den sechs Backenzähnen, von denen jeweils nur einer und ein Teil eines zweiten in Gebrauch stehen, gehören die drei ersten zum Milchgebiß, die drei letzten zu den Molaren.

Ein Sagittalschnitt durch einen Elefantenschädel zeigt dessen Bau, der von der Norm der Säugetiere beträchtlich abweicht und der sichtlich mit der Entwicklung des Gebisses zusammenhängt. Entsprechend ihrer bemerkenswerten Intelligenz und der guten Entwicklung ihrer Sinnesorgane besitzen die Elefanten ein bedeutendes absolutes Hirngewicht. Trotzdem ist ihre Schädelhöhle, verglichen mit der Größe des Schädels, relativ klein, während die von Lufträumen erfüllte pneumatisierte Schädelwandung eine erstaunliche Dicke aufweist.

Die Größe eines Säugetierschädels entspricht im allgemeinen mehr oder weniger der Größe des von ihm umschlossenen Gehirns. Beim Elefanten ist er viel größer geworden, als es zur Unterbringung des Gehirns notwendig gewesen wäre. Dieses Mißverhältnis geht letzten Endes auf die Gebißgestaltung zurück. Mit der enormen Entwicklung der Stoßzähne und der ebenfalls beträchtlichen Größenzunahme der Backenzähne mußte nämlich aus mechanischen Gründen eine Vergrößerung der direkt oder indirekt beteiligten Schädelknochen Schritt halten. Mit der namentlich durch die Zähne bedingten Gewichtszunahme des Kopfes steigerten sich auch die Ansprüche an die zu seiner Bewegung dienende Muskulatur, was

zur Vergrößerung ihrer Ansatzflächen am Schädel führte.

Bernhard Peyer:
„Die Zähne"

Der Rüssel

Das auffälligste Merkmal der heutigen Elefanten ist neben ihrer Körpergröße die zu einem Rüssel verlängerte Nase, die als geschicktes Greiforgan nicht nur eine Hand ersetzt, sondern zudem auch als Tastwerkzeug und Geruchsorgan dient. Dieser Rüssel ist aus Oberlippe und Nase entstanden und bei den beiden lebenden Arten unterschiedlich gebaut. Als ehemalige Nase steht er natürlich im Dienst der Geruchswahrnehmung und auch der Atmung, was bei schwimmenden Elefanten besonders deutlich wird. Vor allem aber benutzen ihn die Elefanten zur Aufnahme von Nahrung und Trinkwasser. Beim Trinken saugt ein Elefant etwa einen Eimer voll Wasser ungefähr vierzig Zentimeter hoch in den Rüssel hinein, verschließt das Ende mit dem Rüsselfinger mehr oder weniger gut und spritzt dann das Wasser in den Mund. Ebenso läßt sich der Rüssel als sehr wirkungsvolle Schlagwaffe gebrauchen. Wie ausgezeichnet

Rüsselenden des Mammuts (1), des Indischen Elefanten (2) und des Afrikanischen Elefanten (3)

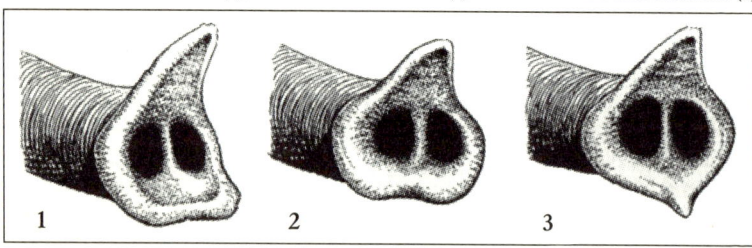

er als hochempfindliche „Tasthand" arbeitet, sieht man, wenn ein Elefant sowohl eine Münze vom Boden aufhebt als auch große Lasten auf den Rücken befördert und dort zurechtlegt. Die Nervenausstattung des Rüssels verläuft über große motorische Nervenfasern, die den Pyramidenbahnen unseres Nervensystems gleichen.

Rudolf Altevogt:
„Säugetiere"

Die Ohren

Die Größe der Ohren hat etwas mit der abkühlenden Oberfläche zu tun, die größer wird, je größere Ohren, längere Gliedmaßen, einen längeren Schwanz oder sonstige Körperanhängsel das betreffende Tier besitzt. Die sogenannte Regel von Allen lautet, daß man bei Säugetieren und Vögeln innerhalb derselben Arten die Rassen mit kleinsten Ohren und kürzesten Gliedmaßen in den kältesten Teilen ihres Verbreitungsgebietes oder in denen mit den größten Temperaturschwankungen findet, während man die Rassen mit längsten Ohren und längsten Gliedmaßen in wärmeren Gebieten oder solchen mit konstanteren Temperaturen antrifft. Bei manchen Tieren wie bei Hasen und Füchsen sieht man das sehr deutlich, und auch der Elefant liefert einen sehr schönen Beweis dieser Regel. Der Afrikanische Elefant hat enorm große Ohren mit einer Gesamtoberfläche von etwa 8 m². Die des Indischen Elefanten sind wesentlich kleiner, ganz auffallend klein sind die Ohren jedoch beim Mammut, einem dicht behaarten Elefanten, der in der Eiszeit (vor etwa 100000 Jahren) überall auf den kalten Steppen und Tundren Nordeuropas, Nordasiens und Nordamerikas gelebt hat.

Everhard Slijper:
„Riesen und Zwerge im Tierreich"

Die Verdauung

Der Elefant ist kein guter Futterverwerter, denn vieles von seiner Nahrung bleibt unverdaut. Nach Benedict und Lee hat der Indische Elefant einen „unstillbaren Appetit" und sucht ständig nach Futter, doch nur etwa 40% der aufgenommenen Nahrung, weniger als bei irgendeinem anderen Säugetier, das sie untersuchten, werden verdaut. Das kann mit der Freßweise des Elefanten zusammenhängen. Nachdem er Futter ins Maul geschoben hat, „kaut er bemerkenswert wenig". Jedoch könnten die Darmbakterien einen Teil der Verdauung übernehmen. Das Kollern der Darmgase von Elefanten ist bis auf einige Entfernung noch zu hören. „Das ist deshalb überraschend, weil man selbst mit einem Stethoskop seinen Herzschlag kaum hören kann." Benedict und Lee sammelten Darmgase in einer Korbball-Blase, die sie mit einem Gummischlauch verbanden, „den wir tief in das umfängliche Rektum einführten". Die Analyse ergab fast 50% Methan, 20% Kohlendioxyd, 2,5% Sauerstoff und außerdem nur Stickstoff. In 24 Stunden stellten sie bei einem 3672 kg schweren Elefanten eine Produktion von 655 l Methan fest und folgerten: „Im Elefanten herrschen nahezu perfekte Bedingungen für eine anaerobe Gärung."

L. H. Matthews:
„Die Enzyklopädie der Natur"

Die Fortpflanzung

Außer der ungewöhnlich langen Tragzeit des Elefanten von 22 Monaten lassen sich innerhalb ihrer Fortpflanzungsbiologie etliche Besonderheiten feststellen: der Zustand der Musth beim Bullen, der schwierige Akt der Paarung, die Geburtshilfe durch weibliche Herdenmitglieder.

Geschlechtsorgane

Die Geschlechtsorgane des Elefanten entsprechen in ihrer Größe den Körpermaßen durchaus und haben daher schon seit langem das Interesse der Anatomen und in neuerer Zeit der Hormonforscher gefunden. Die Hoden eines zwanzigjährigen Asiatischen Elefanten wurden 1937 von T. Schulte mit 2,2 kg und mit 1,8 kg gewogen; nach J. S. Perry (1953) verhält es sich beim Afrikanischen Elefanten ähnlich. Es ist erstaunlich, daß sich die Hoden, anders als bei den meisten Säugetieren und dem Menschen, nicht in einem äußerlich sichtbaren und zur Samenreifung nötigen kühlen Aufbewahrungsort, dem Scrotum (Hodensack), befinden. Sie liegen noch an ihrem ihnen von der Stammesgeschichte der Wirbeltiere zugewiesenen Platz in der Bauchhöhle schwanzwärts von den Nieren. Offenbar kann bei der recht niedrigen Körpertemperatur des Elefanten die Samenreifung im Körper erfolgen.

Das männliche Begattungsglied ist auch im nicht erregten Zustand S-förmig gebogen und dann unter der Bauchhaut verborgen. Es wird beim Kampf zweier Bullen und natürlich zur Begattung versteift und ist dann als beeindruckendes Organ sichtbar, mit dem sogar willkürliche Aufundab- sowie Hinundherbewegungen ausgeführt werden können. Das dem Penis entsprechende Organ der weiblichen Elefanten, die Klitoris (Kitzler), ist ebenfalls von ansehnlicher Länge und betrug bei einer zwanzigjährigen Asiatischen Elefantenkuh 37 cm. Ähnlich wie bei den Hyänen hat auch hier die starke Ausprägung der Klitoris zu manchen Fehlbestimmungen des Geschlechts geführt, zumal sie wie ein Penis versteift werden kann und die Hoden, wie erwähnt, nicht sichtbar sind. Es gibt auch keinen jahreszeitlich, etwa zur Fortpflanzungszeit, erfolgenden Hodenabstieg, wie er bei manchen Säugetieren vorkommt. Der Uterus (Gebärmutter) des Elefanten gehört zum Typ bicornis (zweihörnig) und stellt damit einen mittleren Entwicklungszustand zwischen dem Doppeluterus (Uterus duplex) der niedersten und dem Uterus simplex der höchsten stammesgeschichtlichen Stufe wie etwa bei Fledertieren, Affen und Menschen dar.

Rudolf Altevogt:
„Säugetiere"

Die Musthdrüse

Die einzige Hautstruktur eines Elefanten, die einer Schweißdrüse ähnelt, ist eine zusammengesetzte Drüse an der Schläfe zwischen Auge und Ohr. Diese Schläfendrüse besteht aus einer Masse von Schläuchen, die histologisch Schweißdrüsen ähneln und von Bindegewebe umhüllt sind. Durch einen einzigen, gemeinsamen Ausführgang stehen sie mit der Hautoberfläche in Verbindung. Das Sekret dieser Drüse und seine Bedeutung sind unbekannt. Man hat angenommen, daß es bei der Paarung eine Rolle spielt und vorwiegend bei den Männchen während der Brunft produziert wird. Evans bemerkt hierzu beim Afrikanischen Elefanten: „Mit der Geschlechtsreife erleiden männliche, sehr selten auch weibliche Elefanten merkwürdige, periodische Erregungszustände, die vermutlich mit der genannten Brunft in Zusammenhang stehen und ‚musth‘ genannt werden... Die Schläfen erscheinen wegen der Schwellung der Schläfendrüsen aufgetrieben... Später wird eine ölige Flüssigkeit aus der Öffnung über der Drüse ausgeschwitzt..." In dieser Zeit sind die Tiere ungehorsam, gefährlich und von einer Zerstörungswut beseelt, so daß sie angekettet werden müssen. Sie können einige Tage, Wochen oder Monate dauern und treten gewöhnlich einmal jährlich auf. Es ist nicht sicher, ob die „musth" ein sexuelles Phänomen ist, weil sie durch die Gegenwart eines weiblichen Elefanten nicht immer beendet, sondern manchmal sogar verschärft wird. Auch ihr Zusammenhang mit der Entwicklung der Schläfendrüse bleibt ein Rätsel. Beim Afrikanischen Elefanten scheint die Drüse das ganze Jahr über bei Männchen und Weibchen immer tätig zu sein, wie der auf der Haut unter der Drüsenmündung sich abzeichnende Sekretstreifen zeigt. Das Sekret scheint, wie Evans sagt, ölig zu sein. Damit wird etwas zweifelhaft, ob die Drüse, wie Eales beschreibt, wirklich eine abgewandelte Schweißdrüse ist, bei der man ein wäßriges Sekret erwarten sollte. Jedoch hat Eales diese Drüse nur an einem Fetus untersucht. Nach Schneider ist die Schläfendrüse

im histologischen Bau bei beiden Elefantenarten ähnlich. Die die Drüsenschläuche auskleidenden Zellen enthalten viele Lipoide, worauf sicherlich die ölige Beschaffenheit des Sekrets beruht. Die Drüse unterscheidet sich also von Schweißdrüsen dadurch, daß sie keinen Schweiß absondert, ähnelt ihnen aber in der apokrinen Sekretionsweise. Auch die Talgdrüsen an der Mündung des Ausführganges mögen an der öligen Absonderung beteiligt sein. Wie Schweißdrüsen fehlen auch Talgdrüsen in der Haut der Elefanten mit Ausnahme von den Augenlidern, der Mündung der Schläfendrüse und der äußeren Gehörgänge.

L. H. Matthews:
„Das Leben der Säugetiere"

Bullen erreichen zwar ihre Geschlechtsreife bereits im Alter von rund 8 Jahren; ihre volle Körpergröße aber erst mit 20 oder mehr Jahren. Zwischen dem 15. und 20. Lebensjahr zeigen sie zum erstenmal die Symptome der Musth, also den in regelmäßigen Abständen wiederkehrenden Ausfluß aus den beiden Schläfendrüsen. Sowohl die Zeitspanne, in der die Schläfendrüsen aktiv sind, als auch die dabei auftretenden Verhaltensveränderungen nennt man Musth.

Die auffallendste Verhaltensveränderung ist sicher die erhöhte Aggressivität. Arbeitselefanten, die die ersten Anzeichen einer bevorstehenden Musth zeigen, werden daher im Lager gefesselt und weder zum Arbeiten gebraucht noch zum Trinken und Baden in den nächsten Fluß geführt, sondern erhalten Wasser aus einem ausgehöhlten Baumstamm oder in einem andern großen Gefäß.

Können die Bullen durch den unerwarteten Eintritt der Musth nicht mehr zum nächsten Lager geführt werden, so werden sie an Ort und Stelle gefesselt. Doch trotz solchen Vorsichtsmaßnahmen geschehen immer wieder tödliche Unfälle.

Allerdings werden nicht alle Musthbullen eingestellt. Einige Elefantenführer oder Mahouts lassen sie länger und härter arbeiten. Nachts werden sie durch stundenlange Märsche ermüdet und tagsüber hart gedrillt. Uralte indische und birmanische Bücher schreiben die Verabreichung von Opium und anderen Drogen vor. Das sicherste Mittel gegen Musth, so versichern Elefantenbesitzer und Mahouts, ist Futterentzug. Diese Methode geht von der Erkenntnis aus, daß nur sehr gut ernährte Bullen überhaupt in Musth kommen.

Neben erhöhter Aggressivität gegenüber Menschen oder anderen Elefantenbullen gibt es aber noch andere Verhaltensveränderungen während der Musth: An Wasserstellen führt der Musthbulle häufig den Rüssel in den Mund, beißt darauf und schwenkt den Kopf hin und her. Die Bedeutung dieses Verhaltens ist bis heute unbekannt. Anschließend schlägt er den Rüssel über Kopf, Ohren und Augen und vor allem die Wangen und Drüsenöffnungen. Alle diese Stellen werden betastet und mit Wasser besprizt. Dann wird die Rüsselspitze über die Rüsselbasis geschlagen und entlang des obersten Rüsseldrittels langsam nach unten gezogen. Dieser Vorgang wird während einer halben oder ganzen Stunde dauernd wiederholt, bis das mit Wasser vermischte Sekret der Wangendrüse über dem Kopf und dem obersten Teil des Rüssels verschmiert ist. Nun verlassen die Musthbullen die Badestellen und suchen ganz bestimmte Scheuerbäume auf. An deren Stämmen reiben sie ausgiebig Stirn, Wangen und Rüsselansatz und hinterlassen dabei Duftmarken, die auch für den Menschen riechbar sind. Bei diesem Markierverhalten tauchen auch Bestandteile des Kampfverhaltens auf: Der Bulle schlägt den Rüssel nach oben oder hinten und drückt mit der inneren Seite der Rüsselansatzstelle gegen den Baumstamm. Gelegentlich stoßen die Bullen die Bäume dabei sogar um. Bullen, die nicht in Musth sind, verlassen diese markierten Stellen unverzüglich; denn der Musthbulle siegt in Auseinandersetzungen immer.

Fred Kurt:
„Säugetiere"

Die Paarung

Die Paarung der Asiatischen Elefanten verläuft nach folgendem Ritual: Zuerst kontrollieren sich Männchen und Weibchen häufig. Dabei betasten ihre Rüssel die Geschlechtsteile, die Schläfendrüsen und den Mund des Partners. Dann versucht der Bulle von hinten aufzureiten. Dies gelingt ihm anfänglich nicht. Die Kuh bleibt zunächst nicht stehen. Der Bulle drückt sie nun mit dem auf der Kruppe aufgelegten Kinn. Zudem werden seine Nackenbisse häufiger. Damit zeigt der Bulle seine Überlegenheit. Während des vier- bis fünftägigen Östrus (Brunft) werden die Versuche des Bullen immer häufiger. Schließlich beginnt die Kuh vor ihm zu fliehen. Der Bulle folgt ihr meist mit aufgelegtem

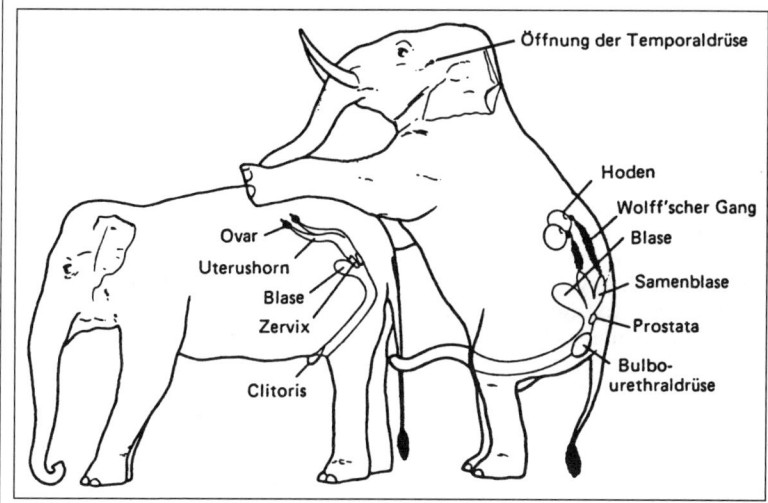

Öffnung der Temporaldrüse

Hoden
Wolff'scher Gang
Blase
Samenblase
Prostata
Bulbo-urethraldrüse

Ovar
Uterushorn
Blase
Zervix
Clitoris

Schematische Darstellung der Paarung Asiatischer Elefanten

Kinn. Endlich bleibt die Kuh stehen, macht ihre Hinterbeine breit. Der Bulle richtet sich auf seine Hinterbeine auf und stellt seine Vorderbeine auf das Hinterteil der Partnerin. Von dort schiebt er sie über ihren Rücken nach vorne auf ihre Schulter. Seine beiden Füßen bleiben dabei eng aneinandergepreßt. Nun erfolgt der schwierigste Teil des komplizierten Vorgangs: Das Einführen des ungewöhnlich langen Gliedes in die an der hinteren Bauchseite gelegene Geschlechtsöffnung des Weibchens. Wenn der S-förmige Penis sie durch seine eigenartigen Suchbewegungen gefunden hat, knickt der Bulle auf seinen Hinterbeinen ab und richtet dabei seinen Vorderkörper steil auf, so daß der Penis etwa 30 Zentimeter tief eindringen kann. Der Begattungsvorgang ist sehr kurz; er dauert lediglich 10 bis 15 Sekunden.

Angeblich werden während einer Paarung ein bis anderthalb Liter Samenflüssigkeit ausgestoßen. Ein Bulle kann täglich ein und dieselbe Kuh mehrmals begatten.

Fred Kurt:
„Säugetiere"

Geburtshilfe

Elefantenmütter können eine (…) Geburt um mehrere Stunden hinauszögern, eine Kunst, die schon unzähligen Babys das Leben gerettet hat.

Endlich schienen sie an einem sicheren Ort angelangt zu sein. Alle Herdenmitglieder kamen auf leisen Sohlen herbei und formierten sich zu einem dichten Ring um die Gebärende: ein uneinnehmbarer Festungswall gegen angreifende Hyänen, Wildhunde und Leoparden. Nun war es soweit. Ein langer Weg seit der Paarung. Die Tragzeit dauert bei Elefanten 2,4 mal so lange wie beim Menschen und genauso viele Monate wie bei der Maus Tage: nämlich 22, also fast zwei Jahre.

Schnell bereitete die werdende Mutter eine „Babywiege" vor. Sie befreite einen weichsandigen Platz von Steinen und polsterte ihn mit Reisig. Eine Elefantin bringt ihr Kind nämlich im Stehen zur Welt. Im Liegen wäre das wegen der immerwährenden Raubtiergefahr viel zu riskant. Das Baby plumpst also aus 1,60 Meter Höhe nach unten und darf natürlich nicht zu hart fallen.

Manchmal leisten sich die großen Dickhäuter sogar gegenseitig Geburtshilfe. Zwei, meist ältere, kinderlose Weibchen, sogenannte Tanten, nehmen die Gebärende in die Mitte, lehnen sich gegen sie und helfen beim Pressen. Seltener wurde beobachtet, daß noch eine dritte Tante das aus der Geburtsöffnung herausfallende Baby mit beiden Stoßzähnen auffängt und zärtlich-sanft niederlegt.

Danach ist es Sache der Mutter, die Embryonalhäute mit dem Rüssel zu lösen. Nun ist das bis zu 125 Kilogramm schwere Baby aber noch feucht und schleimig. Andere Tiermütter würden es jetzt sauberlecken. Eine Elefantin kann das aber nicht. Deshalb nimmt sie mehrere Ladungen Staub und Sand in den Rüssel und pudert ihr Baby unter leichtem Prusten damit ein. Diese Kruste trocknet schnell, und bald kann die Mutter ihr Kind sauberblasen. Bereits fünf Minuten nach der Geburt beginnt der neue Erdenbürger mit den ersten Aufstehversuchen. Tolpatschig und unbeholfen kommt

er aber sogleich ins Stolpern und kippt immer wieder um, trotz seiner vier Säulenbeinchen und so oft er sich auch abmüht. Doch nach etwa 15 Minuten hat er es geschafft. Nun bleibt er stehen, hält sich gerade, und nach einer Stunde versucht er schon die ersten Schritte. So schnell lernen Elefantenbabys laufen. Das erste, was sich meldet, ist der Hunger nach Muttermilch. Ein Instinkt sagt dem Kind, daß es in etwa kopfhohen Winkeln nach dem Milchquell suchen muß. Meist versuchen sie es erst zu weit unten zwischen den Vorderbeinen, bis sie den kleinen Irrtum bemerken. Aber nun geschieht etwas, das früher Befremden auslöste, wenn es Beobachter im Zoo verfolgten: Die Mutter entzieht sich immer wieder dem Kind. Mehrere Stunden lang läßt sie es hungern.

Kennt man sich aber in den Verhaltensweisen der Tiere in freier Wildbahn aus, wird der Sinn gleich ersichtlich. Milchnuckeln macht ein Elefantenbaby müde. Würde es kurz nach der Geburt an Mutters Zitzen trinken, könnte es gar nicht anders, als gleich danach wieder in tiefen Schlaf zu sinken. Aber eben das darf es auf keinen Fall.

Eine Elefantengeburt ist in der Steppe ein geruchlicher Vulkanausbruch. Empfindliche Raubtiernasen erschnuppern sie über mehrere Kilometer Entfernung. Geier beginnen über dem Ort zu kreisen und signalisieren auf diese Weise anderen Tieren das Ereignis. Deshalb heißt es: Sobald das Neugeborene die ersten Schritte machen kann, muß es schon laufen, laufen, laufen.

Vitus B. Dröscher:
„Rettet die Elefanten Afrikas"

Der Elefant als Opfer der eigenen Fruchtbarkeit

Während vieler Jahre stand der Afrikanische Elefant infolge massiver Abschüsse durch Elfenbeinwilderer auf der Roten Liste der bedrohten Tierarten. Dank verbesserter Kontrolle durch Wildhüter und weitgehender Unterbindung des internationalen Elfenbeinhandels konnte das Problem in mehreren afrikanischen Ländern unter Kontrolle gebracht werden. Heute wird aber der Elefant vielerorts durch seine eigene Fruchtbarkeit akut bedroht.

Unbeliebte Hegeabschüsse

In den geschlossenen Elefantenreservaten – und seien sie wie der Kruger-Park Südafrikas noch so groß – ist die weitläufige saisonale Migration der Tiere unterbunden. Sie ermöglichte früher die Regeneration der Vegetation, der Boden wurde im Sinne einer nachhaltigen Entwicklung genutzt. Auch war die Mortalität auf Grund vielfältiger migrationsbedingter Streßfaktoren relativ hoch. Heute können sich die Tiere unter nahezu idealen Bedingungen vermehren, dank Aufstauen der Flüsse ist stets genug Wasser verfügbar.

Dies führt langfristig zur Übernutzung der verfügbaren Ressourcen und zur Zerstörung der Umwelt. Die Elefanten entziehen somit den anderen Tieren und sich selbst die Lebensgrundlage, und alle gehen zugrunde. Damit es nicht so weit kommt, werden in Südafrika und andernorts periodisch Hegeabschüsse durchgeführt. Dabei muß man kleinere Herden vollständig auslöschen, um die natürliche Altersverteilung der gesamten Population nicht zu verfälschen.

Mit der Ausnahme von verkäuflichen Jungtieren darf es bei Hegeabschüssen keine Überlebenden geben, denn schon bei der Narkotisierung vom Helikopter aus werden die Tiere traumatisiert und bleiben jahrelang scheu, wenn man sie wieder aufwachen läßt. Sie ziehen dann stets weitab von den Straßen herum, und die Touristen sind verärgert, weil sie kaum noch Elefanten vor die Kameras bekommen. Es wäre also weit besser, die Elefantenpopulation durch Familienplanung unter Kontrolle zu halten.

Aussichtslose Kontrazeption

Alle uns geläufigen, konventionellen Verfahren der Kontrazeption versagen im Fall des Elefanten. Bei den Bullen ist grundsätzlich gar nichts auszurichten; die Vasektomie wäre eine schwierige Operation, denn Elefantenhoden residieren permanent in der Bauchhöhle. An Präservative wagt man nicht zu denken, schon weil der erigierte Elefantenpenis mehr als einen Meter lang ist. Doch auch Elefantenkühe stellen Probleme; die periodische Verabreichung einer Antibabypille oder einer entsprechenden Spritze wäre mit einem enormen materiellen und logistischen Aufwand verbunden.

Dasselbe gilt für das Scheidendiaphragma und das Intrauterinpessar (sogenannte Spirale); auch die operative Tubenligatur wäre sehr aufwendig. Zudem muß man die Tiere vor jeder Intervention mit dem Spritzen- oder Pelletgewehr immobilisieren. Abgesehen von den hohen Kosten ist diese Prozedur immer mit einem Trauma und einem nicht vernachlässigbaren Risiko verbunden. Ein subkutanes Implantat, das als Projektil verschossen werden kann, scheint auf den ersten Blick am aussichtsreichsten zu sein. Man muß sich aber bewußt sein, daß solche Depotpräparate eine genügende Fläche aufweisen müssen, um die benötigte Menge Hormone pro Zeiteinheit freizusetzen. In Anbetracht der Tatsache, daß eine Elefantenkuh bis zu drei Tonnen wiegt, müßte ein Implantat des „Norplant"-Typs neun Meter lang sein.

Aussichtsreiche Antigestagene für Schwangerschaftsabbruch

Eine wirksame und bezahlbare Empfängnisverhütung für Elefanten muß also noch entwickelt werden. Machbar scheint in der heutigen Perspektive lediglich der pharmakologische Schwangerschaftsabbruch mit einem Antigestagen. Man müßte den Wirkstoff aber gezielt oral verabreichen, um eine frühe Austreibung der Frucht zu erzielen, das heißt vor dem 11. Monat. Die Tragzeit beträgt nämlich beim Elefanten 22 Monate, und man weiß auf Grund der Beobachtung spontaner Aborte und Totgeburten, daß solche Ereignisse für die betroffenen Kühe ein Trauma darstellen. Die Dilatation des Vaginalkanals bei der Geburt löst nämlich den Mutterinstinkt aus; das tote Junge wird tagelang bewacht und herumgetragen, bis die Verwesung einsetzt.

Glücklicherweise läßt sich das Stadium einer Schwangerschaft bei einer jungen Kuh auf Grund des Entwicklungsstands der Milchdrüsen relativ leicht feststellen. Hat das Tier bereits früher eine Schwangerschaft durchgemacht, so kommt es erst wieder in den Östrus, wenn das Junge etwa vier Jahre alt ist. Die gezielte individuelle Verabreichung eines Antigestagens müßte aber oral erfolgen, zum Beispiel mit einer Banane. Mit der Unterbrechung jeder zweiten Schwangerschaft ließe sich jedenfalls der Bevölkerungszuwachs stoppen und sogar umkehren, obwohl Elefantenkühe noch im Alter von 60 Jahren schwanger werden können. Diese Maßnahme wäre jedenfalls den heute üblichen Hegeabschüssen deutlich vorzuziehen. Natürlich würde sich beim Elefanten jede Form der Familienplanung erübrigen, wenn sie der Mensch praktizieren würde.

Neue Zürcher Zeitung
Quelle: The Lancet 340, 5873-584
(1992)

Die Sprache

Wie verständigen sich Elefanten? Bis vor kurzem glaubte man, die Kommunikation der Elefanten beschränke sich ausschließlich auf den vom menschlichen Gehör erfaßbaren Bereich.

Elefantenfachleute wußten, daß sich ungestörte Elefanten im Freiland mit dumpf grollenden Lauten verständigen. Judith K. Berg hat 1983 bei Afrikanischen Elefanten zehn typische Lautäußerungen erkannt und analysiert, die für die Kommunikation (Verständigung) wichtig sind. Wenn sich befreundete Tiere nach der Arbeit wiedertreffen, „grollen" und „schnurren" sie leise zur Begrüßung. Ganz anders sind die schrillen Trompetenlaute, die angegriffene, erschreckte oder angreifende Elefanten ausstoßen. Diese Laute werden, wie auch weitere, brüllende Geräusche, im Kehlkopf erzeugt und durch die mitschwingende Luftsäule im Rüssel verändert und verstärkt. Ein solches Drohbrüllen und -trompeten kann oft durch Rüsselschläge auf den Boden unterstrichen werden, was etwa so klingt, als würfe man pralle Autoreifen auf eine harte Unterlage. Ein weiteres, eher stimmloses Signal ist das Klatschen mit den Ohren gegen den Kopf, womit Elefanten ihre Kinder herbeirufen. Von den Darmgeräuschen war schon oben die Rede. Allerdings müssen diese Nebenwirkungen der gewaltigen Verdauungsvorgänge von dem obengenannten kollernden Schnurren, das manchmal an das Geräusch von Dieselmotoren erinnert und im Kehlkopf erzeugt wird, genau unterschieden werden. Schließlich wurden Geräusche dieser und ähnlicher Art durch amerikanische Forscher als Infraschallsignale erkannt, also als für den Menschen unhörbare, sehr tiefe Töne.

Rudolf Altevogt:
„Säugetiere"

Bei einer Abschußaktion in Simbabwe machen Wildhüter eine Elefantenfamilie nieder. Die Regierung will so der drohenden Überpopulation Herr werden. Viele Kilometer entfernt, außer Hörweite der tödlichen Schüsse, zeigen sich andere Elefanten unruhig. Sie wedeln mit den großen Ohren, schwenken die Rüssel und treten nervös von einem Bein aufs andere. Was versetzt sie in Angst?

Diese Geschöpfe geben uns die Antwort selbst, wir vermögen sie nur nicht zu hören: Sie verständigen sich mit Infraschall-Tönen, die für unsere Ohren zu tief sind.

Schon viel länger als Menschen senden Tiere Botschaften, die möglicherweise sehr kompliziert sind. Diese „Meldungen" erreichen nicht nur Mitglieder der Familie oder Herde. Sie sind auch Informationen für Artgenossen, die weit entfernt leben.

Finnwale waren die ersten Tiere, von denen bekannt wurde, daß sie Infraschall verwenden. Doch 1962, als die bahnbrechenden Tonbandaufnahmen gelangen, ahnte noch niemand von der Tragweite der Entdeckung. Inzwischen stellten Forscher jedoch fest, daß viele Tiere Infraschall erzeugen, darunter Blauwale, Elefanten, Flußpferde, Nashörner, Auerhähne, Alligatoren und andere Krokodile.

Vielleicht nutzt auch einer unserer engsten Verwandten, der Orang-Utan, den Infraschall. Birute Galdikas jedenfalls, Primatenforscherin in Indonesien, glaubt an eine Infraschallkomponente in den Brüllauten des Männchens.

Daß Tiere Geräusche erzeugen, die ihrer tiefen Frequenz wegen unserem Gehör entgehen, überrasche kaum, betont Katy Payne, Forscherin an der Cornell-Universität in Ithaca im US-Bundesstaat New York. Schließlich könnten wir auch nicht die hohen Frequenzen der Fledermäuse hören.

Weitaus eindrucksvoller findet Payne, die den Gesang der Buckelwale entdeckte, welchen Nutzen Tiere aus ihren akustischen Fähigkeiten ziehen. Für Payne besitzt Infraschall „etwas Magisches, weil er sich über große Entfernungen ausbreitet". Der Grund: Anders als für Menschen hörbare Töne „verfangen" sich Schallwellen niedriger Frequenz weder in der Vegetation noch werden sie durch Hindernisse abgeschirmt.

Seit 1985 befaßt sie sich mit dem Afrikanischen Elefanten. Während eines Zoobesuchs entstand bei Payne der Verdacht, daß auch Elefanten Infraschall erzeugen. Die Forscherin hatte bei den Tieren gelegentlich ein Beben der Stirn beobachtet und gleichzeitig eine Druckveränderung in den eigenen Ohren gespürt. „Es fühlte sich an wie Gewitterdonner, man muß sich nur das Geräusch wegdenken", beschreibt die Wissenschaftlerin ihr Schlüsselerlebnis. Mit Meßinstrumenten stellte sie später fest, daß Elefanten in der Tat Infraschall produzieren.

Den Sinn dieses Phänomens suchten Payne und ihre Kollegen William Langbauer und Elizabeth Marshall Thomas im Zusammenleben wilder Afrikanischer Elefanten. Zumindest findet man die Tiere in einem Familienverband: Um eine alte, lebenserfahrene Matriarchin sammeln sich deren ausgewachsene Töchter und Sprößlinge, insgesamt neun bis elf Tiere. Die Familien wandern auf Tausenden von Quadratkilometern umher, in besonders dürftigen Regionen auch auf Zigtausenden. Halbwüchsige Bullen verlassen ihre Mutter, um allein die Savanne zu durchstreifen oder sich einer Herde von Junggesellen anzuschließen. Wird eine Kuh aber paarungsbereit – ein Zustand, der nur zwei bis sechs Tage anhält und sich erst nach vier bis neun Jahren wiederholt –, finden die Bullen sehr rasch zu ihr, und sei der Weg auch kilometerweit.

Payne sucht seit einigen Jahren in Namibia nach einer Erklärung dafür – mit Mikrofonen. Ihr Team nimmt an bevorzugten Wasserlöchern der Elefanten im Etosha-Pan-Nationalpark Infraschallrufe paarungsbereiter Kühe auf. Diese Klänge werden über Lautsprecher an einem anderen Ort ausgestrahlt. Der Erfolg ist verblüffend: Ohne Zögern eilen die Bullen zu den vermeintlichen Liebhaberinnen. Manchmal treffen sie sogar zu mehreren bei den Lautsprechern ein.

Jetzt untersuchen Payne und ihre Mitarbeiter die mögliche Rolle von Infraschall als einer Art „sozialer Klebstoff", den Elefanten für ihre Lebensweise offenbar benötigen. Etwa wenn die Familien zu groß werden. Ist die Zahl auf zehn oder zwölf angewachsen, spalten sie sich in zwei Gruppen, die getrennte Wege gehen. Dennoch bleiben die familiären Bande stark. Vielleicht bleiben die Gruppen über Infraschallrufe miteinander in Kontakt und können sich vor Gefahren warnen. Damit würde verständlich, warum sie heftig reagieren, wenn weit entfernte Verwandte durch Kugeln sterben.

„Die Bandbreite an Botschaften ist sehr groß", meint Paynes Kollegin Marshall Thomas. Sie faßt zusammen: „Ruft ein Elefant, kann ihn jeder Artgenosse im Umkreis von 30 Kilometern hören. Die Tiere knüpfen vermutlich mittels Infraschall soziale Netze, denen bestenfalls unsere Telefonkommunikation ebenbürtig ist – oder die Sprache der Finnwale."

S. Montgomery:
„Unerhörte Töne aus
der Welt der Tiere"

Das weiße Gold

Vor ca. 100 Jahren begann der Elfenbeinhandel im großen Stil. Er war so gewinnbringend, daß immer mehr Elefanten ihr Elfenbein und damit ihr Leben lassen mußten. Erst nachdem der Afrikanische Elefant in der weiteren Existenz seiner Art nachhaltig bedroht war, konnten sich die meisten Staaten dazu durchringen, den Elfenbeinhandel unter Strafe zu stellen.

Für die Afrikaner war es vor Einführung der Feuerwaffen recht gefährlich und mühsam, die schwersten Tiere ihres Erdteils zu jagen. Dennoch stellte man ihnen wegen ihrer Stoßzähne nach, die schon seit uralten Zeiten als Elfenbein gehandelt und hoch bezahlt worden sind. Man schloß Elefantenherden in künstlich entzündete Flammenmeere ein, baute Fallgruben oder beschoß die Tiere mit Giftpfeilen. Als es in Afrika noch keine Eisenbahnen gab, mußte das Elfenbein von Trägern in neunzig Tagesmärschen von Uganda bis zur Küste gebracht werden; es war damals die einzige Ware, die eine so kostspielige Beförderung lohnte. Beim Elfenbeinhandel wurden nach Schätzungen des Forschungsreisenden Sir Samuel Baker Gewinne von eintausendfünfhundert bis zweitausend vom Hundert erzielt. Seit der Kolonialzeit sind Jagd- und Elfenbeinhandel genehmigungspflichtig und werden behördlich überwacht; trotzdem verliert nach Noel

Der Präsident Kenias verbrennt im Juli 1989 öffentlich 12 t Elfenbein, die von Wilderern erbeutet wurden.

Simon allein Kenia jährlich durch Wilddieberei und geregelten Schmuggel weit über eine Million Mark Staatseinkünfte.

Auch heute noch müssen besonders in Ostafrika jedes Jahr viele Elefanten geschossen werden, weil die wachsende menschliche Bevölkerung mehr und mehr Land benötigt. So große Stoßzähne wie früher findet man jetzt freilich nur noch selten. Während zwischen 1850 und 1860 die ostafrikanischen Elefantenzähne, die in Sansibar auf den Markt kamen, zwischen fünfundzwanzig und fünfzig Kilogramm wogen, hatten die Zähne der von 1927 bis 1958 in Uganda geschossenen Elefanten nur ein Durchschnittsgewicht von etwas mehr als zwölf Kilogramm. Ebenso verringern sich die von Elefanten bewohnten Flächen. Im Jahre 1929 waren Elefanten noch in etwa siebzig vom Hundert der Landfläche Ugandas anzutreffen, dreißig Jahre später jedoch nur in siebzehn vom Hundert, und seitdem dürfte ihre Verbreitung weiterhin erheblich zurückgegangen sein.

Nach den etwa 600 000 Kilogramm Elfenbein zu urteilen, die jährlich auf der Welt verarbeitet wurden, sind früher jedes Jahr 45 000 Elefanten geschossen worden, die meisten in Afrika. Niemand aber hat sich in diesen langen Jahren die Mühe gemacht, Näheres über ihre Lebensweise herauszufinden. Erst in den letzten Jahren, nachdem die afrikanischen Staaten selbständig wurden, sind Biologen darangegangen, Forschungsinstitute zu errichten, um die vielen Geheimnisse dieser Tierriesen zu enträtseln. Da die Elefanten aber immer mehr in die Nationalparks zurückgedrängt werden,

entstehen dadurch ernsthafte Probleme. In alten Zeiten, als den Elefanten noch ganz Afrika gehörte, hätte sich das Gleichgewicht zwischen dem Pflanzenwuchs und den Tieren von allein geregelt; die Elefanten wären aus kahlgeweideten Gebieten in andere Gegenden gezogen. Heute aber will man ja nicht die Nationalparks zu Halbwüsten und Vollwüsten werden lassen. Man muß deshalb auch dort Elefanten töten, um den Pflanzenwuchs zu erhalten. In vielen Nationalparks werden die Bäume von Elefanten umgeworfen oder entrindet.

Besonders deutlich hat sich dies im Tsavo-Nationalpark (Kenia) gezeigt, der etwa halb so groß ist wie die Schweiz. Dort sollen nach jüngsten Zählungen rund 20 000 Elefanten leben; es gibt hier aber nur einen einzigen Fluß, der das ganze Jahr hindurch Wasser führt. In den beiden schweren Dürrejahren 1960 und 1961 hatten die Elefanten den Pflanzenwuchs an diesem Fluß so zugrunde gerichtet, daß von den etwa siebenhundertachtzig Nashörnern rund dreihundert verhungerten. Der Tsavo, der früher ein Buschland mit hohen Galeriewäldern an den Ufern der Flüsse war, verwandelt sich dadurch immer mehr in Grassteppe. Die Elefanten leiden darunter wohl am wenigsten. Für die Spitzlippen-Nashörner, die vor allem Zweige und Buschwerk weiden, ist es schlimmer; sie machen auch keine so weiten Wanderungen wie die Elefanten, um Trockenheiten auszuweichen. Im Gegensatz zu vielen Bäumen und Büschen verdorrt außerdem das Steppengras während der Trockenmonate völlig; es enthält also, wenn es geweidet wird, kaum noch Feuchtigkeit

Elfenbeinschnitzerei

oder verschwindet durch die ständigen Steppenbrände ganz.

    Silvia K. Siks, die die Elefantenfragen in Ostafrika studiert hat, bezeichnet das künstliche Schaffen von Wasserstellen als Hauptursache für den Schaden, den Elefanten im Tsavo-Nationalpark angerichtet haben. Die Elefanten bleiben dann nämlich das ganze Jahr in der Nähe solcher Trinkstellen – und das unausbleibliche Ergebnis ist die Zerstörung der Umgebung. Auch die Steppenfeuer, die in Afrika ständig zunehmen, vernichten auf die Dauer die Bäume und lassen offenes Grasland entstehen, das sich schließlich in Dornbusch verwandelt. Die Tötung von Elefanten in einigen Nationalparks ist zwar bedauerlich; immerhin aber werden die toten Tiere jetzt gründlich von Forschern untersucht und für die Wissenschaft ausgewertet.

Bernhard Grzimek:
„Die Rüsseltiere"

Elfenbein –
Saubere oder heiße Ware?

Artenschutz paradox: Während Elefanten im Osten Afrikas von Wilderern niedergemetzelt werden und kurz vor der Ausrottung stehen, schwellen die Herden in den gut beschützten Reservaten im Süden des Kontinents an. Hier müssen die Tiere – von geschulten Jägern und in begrenzter Zahl – geschossen werden. Da sich die Stoßzähne sehr ähneln, haben es Zöllner und Fahnder schwer: Wie sollen sie erkennen, ob Elfenbein brutal geraubt oder redlich erbeutet wurde?

    Bis 1991 verbietet das Internationale Artenschutzabkommen jeglichen Handel mit Elfenbein. Doch wenn diese Frist abgelaufen ist, werden die Regierungen von Simbabwe, Botswana und Südafrika den Lohn für ihr vorbildliches Nationalpark-Management einklagen. Viele Experten rechnen mit einer beschränkten Handelserlaubnis und fürchten das Elfenbein-Dilemma.

    Ein Archäologe und ein Genetiker bieten den Artenschützern nun zwei raffinierte Möglichkeiten an, die Herkunftsländer des weißen Goldes zu bestimmen. Nikolaas van der Merwe von der Harvard University, der gewöhnlich mittels Analyse alter Skelette die Speisezettel vergangener Kulturen rekonstruiert, hat die chemische Zusammensetzung von Elefanten-Stoßzähnen untersucht. Sein Ansatz: Die Nahrung der Dickhäuter, die von Region zu Region sehr unterschiedlich sein kann, hinterläßt im Elfenbein deutliche Spuren. Weil beispielsweise die Verteilung der Kohlenstoff-Isotope $C12$ und $C13$ in Gräsern anders ist als in Büschen und Bäumen, kann van der Merwe nachträglich ermitteln, ob getötete Elefanten in offener Savanne oder in Wäldern gelebt hatten. Aus dem Verhältnis der Stickstoff-Isotope N15 zu N14 erkennt der Knochen-Spezialist, ob es im ehemaligen Lebensraum der Tiere viel oder wenig geregnet hat. Das Vorkommen verschiedener Strontium-Isotope schließlich verrät das Alter des geologischen Untergrunds, auf dem die Elefanten weideten.

Seine Methode, so zeigte van der Merwe, ermöglicht es, selbst solche Stoßzähne zu unterscheiden, die aus nur 150 Kilometer voneinander entfernt gelegenen Parks stammen. Bislang hat er Elfenbein aus insgesamt 27 afrikanischen Reservaten untersucht. Jedem konnte er ein eindeutiges Isotopen-Profil zuordnen.

Einen grundsätzlich anderen, jedoch ebenso vielversprechenden kriminalistischen Ansatz verfolgt John Patton von der Washington University in Saint Louis. Winzigen Resten getrockneten Körpergewebes, das den gewilderten Stoßzähnen oft noch anhaftet, nahm er im Labor „genetische Fingerabdrücke" ab und machte so Teile der Elefanten-Erbsubstanz sichtbar. Diese Technik – die gleiche, die Gerichtsmediziner neuerdings in manchen Strafverfahren anwenden – ermöglicht es Patton, die verwandtschaftlichen Beziehungen der Tiere auszuloten. Sobald er die Gen-Muster aller großen afrikanischen Elefanten-Gruppen erfaßt hat, kann er präzise das Ursprungsland jedes Stoßzahns nennen.

Einige Elefanten-Schützer fürchten jedoch, daß selbst die ausgeklügeltsten Methoden Wilderer nicht schrecken werden. „Egal wie raffiniert unsere Überwachungstechnik sein wird", sagt Richard Leakey, der oberste Tierschützer im ostafrikanischen Kenia, „Kriminelle werden uns hinters Licht führen, solange es einen

Die kostbare Beute wird verladen. (Filmszene)

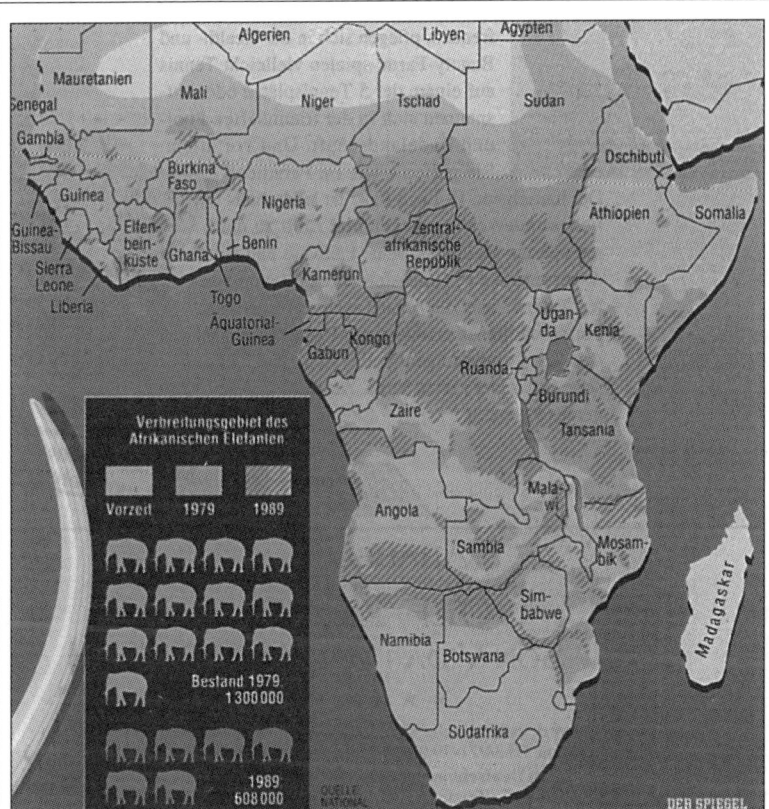

Die Verbreitungskarte veranschaulicht den
deutlichen Rückgang des Elefanten auf dem
Afrikanischen Kontinent.

Markt für Elfenbein gibt." Für Leakey,
der sich – wie seine Kollegen im
benachbarten Tansania – der Wilderer
lange Zeit kaum erwehren konnte,
gibt es nur eine Möglichkeit, die Elefanten Ostafrikas zu retten: die Fort-
schreibung des totalen Verbots, mit
Elfenbein zu handeln.

Zumindest in den USA beginnen
seit kurzem allerdings auch Boykott-
Maßnahmen der Käufer zu greifen:
Die deutlich gesunkene Nachfrage hat
bereits zu einem drastischen Verfall
der Preise für Roh-Elfenbein geführt.
Entsprechend gesunken ist die Moti-
vation der afrikanischen Wilderer.

Geo 9/90

Der Elefant und die Schaulust

Der Elefant repräsentierte für den Europäer lange Zeit außer Exotik auch Größe und Unberechenbarkeit. Diese Eigenschaften machten ihn zu einem Objekt der menschlichen Sensationslust.

Der König von Siam auf seinem Elefanten (Stich)

Der Prunkelefant

Am 20. Juli 802 erreichte Kaiser Karl den Großen ein kostbares Geschenk aus Bagdad: ein Asiatischer Elefant. Als Zeichen der Macht und Größe des Herrschers wurde das Tier im Fränkischen Reich zur Schau gestellt.

Abul Abbas, der Prunkelefant Karls des Großen

Die Bevölkerung von Aachen war seit dem Jahre 801, als Karl der Große (768 König, 800 Kaiser bis 814) einen Löwen aus Rom mit nach Aachen gebracht hatte, an mancherlei gewöhnt. In dem nicht weit von der „Pfalz", der Wohnung des Kaisers, entfernten Tierpark gab es in festummauerten Gehegen Ure und Wisente, Bären und Wölfe zu sehen, und in den weiträumigen Fluggehegen wurden Auerwild und Fasanen gehalten.

Im Sommer des Jahres 802 wurde auf halbem Weg zwischen der Pfalz und dem Tierpark aus Bohlen und festen Planken ein Elefantenhaus errichtet. Auch der Platz davor, auf dem sich der große indische Elefant Abul Abbas aufhalten durfte, war durch Balken und Bohlen abgesichert, damit das große Tier nicht unmittelbar mit den Menschen vor der Barriere in Berührung kommen konnte.

Dieser Elefant war ein Geschenk des Kalifen Harun al-Raschid im fernen Bagdad, mit dem sich der Beherrscher des großen arabischen Reiches, des Kalifates Bagdad, für Gaben revanchierte, die ihm im Jahre 797 eine Gesandtschaft Karls überbracht hatte.

Der Elefant war von dem Leiter der Gesandtschaft, dem Dolmetscher

Isaak, im Herbst des Jahres 801 nach langer Seereise, die in einem syrischen Hafen begonnen hatte, im Golf von Genua an Land gebracht worden.

Harun al-Raschid hatte mit dem Namen dieses Tieres den im Jahre 754 verstorbenen ersten Kalifen aus dem Hause der Abbasiden, Abul Abbas, der das Kalifat der Omajaden ablöste, ehren wollen.

Im Augenblick der Ankunft des Elefanten im Golf von Genua befand sich Kaiser Karl in seiner Eigenschaft als König der Langobarden in der Langobardenresidenz Pavia. Er hatte von Isaak bereits Nachricht erhalten, daß der „Königsbote" wichtige Meldungen zu überbringen hätte. Da Karl kurz vor seiner Abreise nach Aachen stand, entsandte er den Erzkanzler Erkambald nach Luna, um dort den Elefanten und die weiteren wertvollen Geschenke des Kalifen entgegenzunehmen, unter anderem eine kostbare Wasseruhr aus Messing, die die Stunden durch ein in ein Becken fallendes Stäbchen ankündigte.

Der Dolmetscher Isaak wurde damit beauftragt, den Elefanten über die Ligurische Küstenstraße nach Arles zu bringen. Von dort aus führte eine der alten Römerstraßen, die jetzt Reichsstraßen waren, über Chalon-sur-Saône, Besançon nach Basel. Damit war die am Rhein entlang nach Norden führende Straße erreicht. Die für einen Elefanten gefährlichen schmalen Alpenpässe waren auf diese Weise umgangen worden. Im Frühjahr trafen Isaak und seine Schutzwache wohlbehalten mit dem Elefanten in Aachen ein.

Der Kaiser Karl zusammen mit dem Elefanten „als Geschenk" über-sandte Elefantenführer Achmed bekam ein an das Elefantenhaus angebautes kleines Holzhüttchen. Das nahe bei Aachen gelegene Königsgut wurde angewiesen, alle paar Tage Heu und Rüben zu liefern. Die Bäckerei mußte dazu in jeder Woche zwei Dutzend altbackene Brote heranschaffen.

Eines Tages wollte der Kaiser wissen, ob es irgendwo eine Waage gab, die groß genug war, das Gewicht des Elefanten festzustellen. Eine „Karolingische Waage" dieser Größe fand sich jedoch nirgends, weder in Metz noch in Speyer, Worms, Ingelheim oder Mainz.

Der Elefant besaß die stattliche Höhe von 2,70 Meter, sein Alter gab der Araber Achmed mit zwanzig Jahren an. Nach des Elefantenführers Behauptung konnte der Elefant ungefähr sechstausend Pfund wiegen, „eher mehr als weniger".

Isaak hatte dem Kaiser berichtet, daß viel Bewegung gut für die Gesundheit dieses Tieres wäre. So wurde Achmed beauftragt, den Elefanten Balken für die Erweiterung der Kaiserpfalz schleppen zu lassen. An vielen Tagen des Jahres konnten die Bürger der kleinen Stadt Aachen nun Abul Abbas bei der Arbeit sehen.

Der Elefant trug Balken mit dem Rüssel. Oder schleifte sie hinter sich her; für diesen Zweck war nach den Angaben des Arabers für das große Tier ein aus kräftigen Seilen bestehendes Zuggeschirr gefertigt worden. Oft jedoch rissen die Seile, und deshalb wurde der Elefant nach einiger Zeit von seiner Tätigkeit als Lastträger entbunden.

Danach begann für den Elefanten eine schöne Zeit. Abul Abbas marschierte als Prunkelefant bei Prozessionen vorweg an der Spitze, behangen mit bunten Decken.

Der Kaiser hatte bemerkt, mit wie großem Interesse Gaugrafen und Domänenvögte, Bischöfe und Edelleute, die aus anderen Gegenden des Frankenreiches nach Aachen kamen, den Elefanten betrachteten. Da beschloß Karl, Abul Abbas unter dem Befehl eines „Reisemarschalls", der mit den Vollmachten eines Kaiserboten ausgestattet wurde, durch sein Reich zu schicken.

Die Spitzen der Stoßzähne wurden mit vergoldeten Kugeln aus Leder verkleidet. So konnte das Tier niemand mit seinen beachtlichen Zähnen verletzen. Das rotgefärbte lederne Reitgeschirr hob sich von dem grauen Körper prachtvoll ab.

Die Aachener Bürger erlebten eines Tages, wie der Elefant in Begleitung von mehreren berittenen Herolden nach Osten geführt wurde. Vier weitere Reiter trabten hinter Abul Abbas her. Hoch oben auf dem Nacken des gutmütigen Tieres saß Achmed in arabischer Kleidung.

Unterwegs wurde diese kleine Reisegesellschaft auf den Gütern verpflegt. In den Gemeinden hatte der Schultheiß für die Lebensmittel der Menschen und das Futter für den Elefanten und die Pferde Sorge zu tragen, in den Klöstern der Abt.

Der Elefant Abul Abbas verzehrte täglich außer einer Menge Heu und Rüben auch einige zweipfündige Weizenbrote als Kraftnahrung oder Brotfladen aus Gerste oder Roggen.

Überall war das Eintreffen der Tierkarawane ein Ereignis. Die Reise führte über Köln und Boppard zur Kaiserpfalz Ingelheim. Nach der Überwinterung in Ingelheim wurde im folgenden Frühjahr die hölzerne Rheinbrücke bei Mainz überschritten. Es folgten Besuche in Worms und Speyer. Die Bischofssitze Augsburg und Regensburg standen ebenso auf dem Reiseprogramm wie mehrere große Königsdomänen. Dann ging die Wanderung weiter nach Fulda, Paderborn, Soest und Münster.

Nachdem der Elefant zwischen 804 und 806 in jene Teile des Reiches geführt worden war, in denen deutsch gesprochen wurde, bekamen ihn 808 und 809 auch die Bewohner westfränkischer Grafschaften und Bischofssitze zu sehen, die dem romanischen Sprachbereich angehören.

Im Frühjahr 810 wurde Abul Abbas nach Verden an der Aller in das Heerlager Karls gebracht. Damit begann für den großen indischen Elefanten die sonderbare Rolle einer Art von „Truppenbetreuer". Er sollte dazu beitragen, die Soldaten in Stimmung zu halten und die Angst vor dem Feind zu verringern.

Unerwartet waren an der Elbmündung dänische Wikinger mit ihren kombinierten Segel- und Ruderschiffen gelandet. Von Nordosten her rückte gleichzeitig der dänische König Göttrik mit einem Heer über Schleswig und Holstein zur Elbe vor und überschritt den Fluß. Der zweiundsechzigjährige Kaiser Karl hatte sein Heerlager in Verden an der Aller aufgeschlagen.

Der schon über dreißig Jahre alte Elefant litt zu dieser Zeit, im sechsten Jahre seiner langen Märsche durch die Gaue des Frankenreiches, an rheumatischen Beschwerden. Er hatte bei jedem Wetter über schüttere Landwege marschieren müssen, viele tausend Meilen weit. Auch für einen Elefanten waren das gewaltige Anstrengungen. Als in den Septembertagen des Jahres 810 kühles Regenwetter eintrat, wurde Abul Abbas nach Münster gebracht; dort erkrankte er und starb bald darauf an einer Lungenentzündung.

Kopf und Stoßzähne des toten Elefanten Abul Abbas blieben in Münster, sein Kopf wurde präpariert und nach Aachen gebracht.

Hermann Dembeck:
„Tiere machen Geschichte"

Bis vor 100 Jahren hatte die Mehrzahl der Bewohner der westlichen Welt keinen lebenden Elefanten gesehen. Erst durch fahrende Schausteller, dann durch die Einrichtung von zoologischen Gärten konnte der Durchschnittsbürger dieses Fabeltier bewundern. In den folgenden Jahren versuchten Zirkusse und Zoos, sich in der Präsentation von seltenen Exemplaren zu überbieten.

Diese Geschichte erscheint heutzutage ziemlich unglaubwürdig, aber sie ist tatsächlich wahr, und ein sehr alter Zirkusmann erinnerte sich ihrer noch aus seiner Jugend. In den achtziger Jahren des vergangenen Jahrhunderts schrieben die Zeitungen der ganzen Welt davon, und der Schriftsteller Norbert Jacques hat in seinem Buch über den Zirkuskönig Barnum ausführlich davon berichtet.

Jumbo, um den es ging, war ein wahres Prachtexemplar seiner Rasse. Er war ein afrikanischer Elefant, den ein deutscher Tierfänger von Arabern erworben und an den Londoner Zoologischen Garten verkauft hatte.

Wer damals den Zoo der englischen Hauptstadt besuchte, tat es hauptsächlich, um Jumbo zu bestaunen. Er hatte sich in der Gefangenschaft zu einem Riesentier ausgewachsen. Sein Leibesumfang wurde mit sechs Metern gemessen, und seine Höhe betrug vier Meter. Während sonst afrikanische Elefanten nur etwa drei Meter hoch werden und ein Gewicht von sechzig Zentnern erreichen, wog Jumbo etwas über achtzig Zentner. Außerdem war er, was bei afrikanischen Elefanten höchst selten ist, recht gutmütig und ließ es zu, daß man auf seinem Rücken reiten konnte. Selbst der Prinz of Wales hatte als Junge einmal auf Jumbos Rücken einige Runden geritten. Die Engländer waren also nicht ohne Grund stolz auf ihren Jumbo.

Der Zirkusdirektor Barnum, der kreuz und quer durch die Weiten des amerikanischen Kontinents zog und die Farmer und Goldgräber mit immer neuen zirzensischen Sensationen überraschte, hatte von diesem Riesen Jumbo viel gehört. Er wollte Jumbo sehr gern besitzen und bot deshalb der Direktion des Londoner Zoos zehntausend Dollar für das Tier. Und – wie er in seinen Lebenserinnerungen später eingestand – zu seiner großen Überraschung zeigte sich die Zooleitung unter diesen Bedingungen an dem Verkauf nicht uninteressiert. Schnell und heimlich ließ Barnum durch seine Unterhändler in England den Vertrag abschließen und die hohe Summe bar auf den Tisch zahlen. Bis dahin war alles in Ordnung. Aber kaum wurde in London der Verkauf Jumbos bekannt, da brach ein Sturm der Entrüstung aus. Die Zeitungen griffen die Neuigkeit auf und berichteten in empörten Artikeln davon. „Wir lassen Jumbo nicht nach Amerika!" und „Unser aller Liebling muß in England bleiben!" lauteten etwa die Überschriften der Aufsätze. Daraufhin versuchte der Direktor des Zoologischen Gartens den Handel rückgängig zu machen. Aber Barnum bestand auf seinem Vertrag.

In der englischen Öffentlichkeit wurde Geld gesammelt, um Jumbo zurückzukaufen. Barnum lehnte alle Verhandlungen ab. Statt dessen versorgte er die amerikanische Presse mit langen Berichten über die Vorgänge in England und machte so die beste Vorreklame für seinen Riesenelefanten.

Als man in England merkte, daß Barnum unter keinen Umständen auf die Wünsche der Londoner eingehen wollte, fuhr man mit schwersten Geschützen auf. Man zwang die Regierung, bei der amerikanischen Regierung vorstellig zu werden. Doch die diplomatischen Versuche hatten ebensowenig Erfolg. In Amerika lehnte man alles Eingreifen in den Streit um Jumbo ab. Da forderten besonders energische Jumbofreunde in England die Kriegserklärung an die Vereinigten Staaten. Aber wegen eines verkauften Elefanten wollte der englische König denn doch nicht Kriegsschiffe über den Ozean schicken. In den Londoner Zeitungen hieß es trotzdem: „Die einzige drohende Angelegenheit, die zwischen den beiden Nationen besteht, ist und bleibt Jumbo!"

Am wenigsten ließ Jumbo selbst sich durch die Streitereien stören. Er verbrachte zufrieden die letzten Wochen im Londoner Zoo. Erst als man ihn zum Schiff gebracht hatte, streikte er. Unter keinen Umständen wollte er in die große Kiste hineingehen, die man für seinen Transport gebaut hatte. Drei Tage dauerte es, bis man ihn überlisten konnte. Als das gelungen war, fügte er sich ruhig in sein Schicksal.

In der englischen Presse erschienen noch einmal auf Trauer gestimmte Artikel. Jumbos Verlust schien kaum zu verschmerzen. In Amerika aber wurde der Elefant mit einem Jubel empfangen wie nie ein vierbeiniges Lebewesen vorher oder danach. An allen Straßenecken hingen große Plakate mit Jumbos Bild. Viele Tausend säumten die Straßen, durch die der umstrittene Koloß transportiert wurde.

Barnum zeigte Jumbo zuerst in New York und ging dann mit ihm auf die Reise. Zehntausend Meilen zog der geschäftstüchtige Zirkusmann mit seinem Riesenelefanten über den Kontinent. Das Geschäft lohnte sich. Jeder wollte das Tier sehen, um das es in zwei Ländern so viel Geschrei gegeben hatte. Diese Reise brachte Barnum zwei Millionen Dollar ein. Er wurde durch den Elefanten ein reicher Mann. Mit dem Geld, das er durch ihn verdiente, legte er den Grundstock zu der „größten Schau der Welt", zu dem Zirkus, der heute noch neben den Namen der Brüder Ringling und Baily auch Barnums Namen trägt.

So kam es, daß ein afrikanischer Elefant für lange Jahre das populärste Wesen zweier Welten wurde und daß sein Name in die Geschichte einging. Einen größeren Ruhm als Jumbo hat nie ein Elefant erreicht.

Fritz Nötzoldt:
„Elefanten, Elefanten"

Erinnerungen eines Zirkusdirektors

Carl Hagenbeck (1844–1913), Sohn eines Tierhändlers, ist in erster Linie als Gründer des Tierparks in Hamburg bekannt, in dem er sein bahnbrechend neues Zookonzept verwirklichte. In seinem Buch „Von Tieren und Menschen" (1908) berichtet er u. a. über allerlei interessante Begegnungen zwischen Mensch und Elefant.

Meine Elefantenerinnerungen gipfeln leider in einer gefährlichen Katastrophe, wie sie aber glücklicherweise zu den größten Seltenheiten gehört, ja einzig dasteht. Es handelt sich um die Münchener Elefantenpanik am 31. Juli 1888 während des Zentenar-Festzuges, ausgelöst durch die unglückliche Hand eines Mechanikers im Inneren eines künstlichen Dampfdrachens. (…)

Beim Eintreffen vor der Hofloge stellten sich die Elefanten auf Kommando ihres Dresseurs in Reih und Glied und machten Honneurs. In einzelnen engen Straßen, wo Pausen stattfanden, wurden die Tiere mit Brot und Früchten förmlich bombardiert, so daß, wenn man dies mit irgendeinem anderen Tiere getan hätte, es jedenfalls nicht so ruhig geblieben wäre wie meine Elefanten. Die Tiere verhielten sich sozusagen musterhaft, bis wir dem zurückkehrenden Zuge bis zum Drachen entgegengekommen waren. Der Drache, welcher gerade stille stand, setzte sich plötzlich in Bewegung, trotzdem den Leuten vorher gesagt worden war, erst die Elefanten passieren zu lassen, sprühte seinen Dampf zwischen die hintersten Elefanten und brachte sie in einen solchen Schrecken, daß sie nach vorwärts stürzten. Ich warf mich gleich den vier letzten Elefanten entgegen, um sie zum Halten zu bringen, auch wäre mir dies mit Hilfe meiner Leute gelungen, wenn das Publikum sich ruhig verhalten hätte, aber das Geschrei machte die Tiere nur noch unruhiger, und sie stürzten vorwärts. Ein Glück war es, daß sie sich in zwei Abteilungen zu je vier Stück teilten. Meine vier Elefanten hatte ich viermal zum Stehen gebracht, doch das nachströmende Publikum, welches mit Stöcken, Schirmen, Messern usw. auf sie einhieb, jagte die Tiere stets wieder vorwärts die Straßen entlang. Nachdem die Elefanten aus dem Theater wieder herausgekommen waren, sprang ich mitten zwischen die beiden vordersten, welche mich fast platt drückten. Ich hielt indessen stand, brachte sie auch zum Stehen und sprang in demselben Moment vor die Tiere hin; aber es dauerte nur wenige Sekunden, und das nachströmende Publikum scheuchte mit seinem Geschrei die Tiere von neuem. Ich folgte dann bis zum Tal, wo ich zusammenbrach. Die vier Tiere wurden von zweien meiner Leute in ein Haus getrieben und gefesselt.

Tagelang boten die Vorkommnisse dieser Elefantenpanik den heimischen Journalisten und Korrespondenten der Nachrichtenbüros willkommenen Stoff für Tatarenmeldungen, die in vielen Fällen den Tatsachen weit vorauseilten. Als sich die Gemüter wieder beruhigt hatten und die meisten der von den „rasenden Dschungelungeheuern Zermalmten" wieder g'sund bei Bier und Rettich saßen, griff der Münchener Berichterstatter

Dr. Friedrich Trefz nochmals resümierend zur Feder. Er hatte auf der Tribüne am Odeonsplatz neben dem Denkmal König Ludwigs I. gesessen und brach eine Lanze für – meine unschuldigen Elefanten! Auszugsweise nachstehend die köstliche Episode, betitelt: „Der Elefant im Hofbräuhaus".

„... Dann erblickten wir acht der prächtig geschmückten Rüsseltiere, die, geführt von Herrn Carl Hagenbeck, den orientalischen Handel darstellten. Es war vorgesehen, daß der Festzug die Ludwigstraße, diese breite Prachtstraße Münchens, bis zum Siegestor ziehen, dort umkehren und so an sich wieder vorüberziehen sollte, damit auch die Teilnehmer des Zuges die einzelnen Gruppen und Festwagen sehen könnten. Dies wurde zum Verhängnis. Man führte nämlich auch in einer Gruppe einen Riesendrachen mit, der von Zeit zu Zeit aus seinen Nüstern Feuer sprühte. (...) Nun geschah es, daß gerade in dem Augenblick, als der Drachenwagen an der Hagenbeckschen Elefantengruppe vorbeifuhr, der im Inneren des Drachens befindliche Mechaniker wieder einen Feuerregen aussprühen ließ. Da fuhr der Schrecken in die an sich so gutmütigen Dickhäuter. Sie scheuten und entrissen ihren Führern, die an ihrer Seite schritten, die Zügel und trabten ledig aller Fesseln durch die Straßen. (...) Das Geschrei der Menge war geradezu betäubend. Die Elefanten rasten an der Tribüne vorbei und nahmen ihren Weg durch die dichtgedrängten Menschenmassen zum Nationaltheater, auf dessen Stufen die Leute Kopf an Kopf standen. Tragikomische Szenen ereigneten sich. Ein Münchener Kommerzienrat kletterte, als die Panik losbrach, auf den Drachen und umklammerte seinen Hals. Ein Herr im Zylinder, geschmückt mit der weiß-blauen Schleife des Festordners, versuchte einen Elefanten am Schwanz feszuhalten. Die gutmütigen Riesentiere gaben sich trotz ihrer Aufregung alle Mühe, niemanden zu verletzen, und alles, was sich später ereignete, war nur der Kopflosigkeit der Menge und der wüsten Panik zuzuschreiben. In wilder Hast floh die nach Tausenden zählende Menge durch die Straßen, ohne auf die stürzenden Kinder Rücksicht zu nehmen. Zunächst hatte der größte Teil gar keine Ahnung, um was es sich eigentlich handelte. Da tauchten plötzlich die Elefanten auf, und nun kannte der Tumult keine Grenzen. Man versuchte sich auf Mauern zu schwingen. Manchen gelang es, die meisten fielen über- und durcheinander. Die auf dem Boden Liegenden wurden teils von den Menschen, teils von den Elefanten zertreten. Andere wurden gegen die Häuserwände gedrückt. Das Angstgeschrei war herzzerreißend und die Verwirrung unbeschreiblich. Hagenbeck, der zwischen zwei Elefanten als Hauptführer ging und die Tiere mit aller Kraft halten wollte, wurde von ihnen so gedrückt, daß er ohnmächtig zusammenbrach. Sehr verhängnisvoll war das Benehmen eines berittenen Gendarmen, der vor den Elefanten hersprengte und den Leuten zuschrie: ‚Die Elefanten kommen, rettet euch!' Der Mann hat es sicher gut gemeint, aber es war das Dümmste, was er hatte tun können.

Ein Augenzeuge, der die Vorgänge von einem Fenster des Rathauses beobachtete, sah, wie die bis dahin ruhigen

Pediküre eines Elefanten im Zoo

Menschen im Augenblick hingemäht wurden und mit lautem Wehgeschrei übereinander stürzten. Ein Glück war es, daß die im Zuge befindlichen Militärmusiker so geistesgegenwärtig waren, trotz des Vorfalls weiterzuspielen, was seine beruhigende Wirkung nicht verfehlte. Merkwürdigerweise wurde der Zug sogar an manchen Stellen überhaupt nicht unterbrochen und setzte ahnungslos seinen Marsch fort. Inzwischen nahm der Tumult an anderen Stellen seinen Fortgang. Ein dicker Herr, der infolge seiner Korpulenz sich nicht flink genug bewegen konnte, wurde von einem Elefanten derartig auf die Hühneraugen getreten, daß er zusammenbrach und weggetragen werden mußte. Anderen Leuten wurden Arme und Rippen gebrochen. Die mitgebrachten Stühle, Bänke und Leitern bildeten umstürzend überall Hindernisse für die Fliehenden. Der ganze Odeonsplatz war besät mit Stöcken, Hüten, Taschen und Kleidungsstücken. Mancherorts bildeten sich ganze Wälle aus Wagen, Bänken und anderen Sitzgelegenheiten.

Schon bald zu Beginn des Unglücks hatte man vier Elefanten wieder beruhigt. Die übrigen vier begannen jedoch eine lange Wanderung durch die Stadt. Ein Dickhäuter interessierte sich besonders für den alten Turnierhof, der in der kurfürstlichen Zeit schon so manches merkwürdige Schauspiel gesehen hatte. Er zertrümmerte das Tor und drang in den Hof ein, worauf die entsetzten Bewohner sich auf die Dächer flüchteten. Zwei andere Tiere warfen in ihrer Angst eine Droschke um und landeten schließlich auf einem Bauplatz, wo sie trotz der vereinten Bemühungen der alarmierten Feuerwehr und einer Kavallerieabteilung stundenlang nicht von der Stelle zu bewegen waren. Der dritte Elefant brach durch den morschen Fußboden eines Milchladens und fiel in den Keller. Eine Frau glaubte, sich

durch Aufspannen ihres Regenschirmes vor den Tieren schützen zu können, machte sie dadurch aber nur noch scheuer. Ein unerschrockener Soldat vom Leibregiment vermutete der Sache zu nützen, als er den Elefanten mit seinem Seitengewehr in den Rüssel stach. Auch ein so gutmütiges Tier wird dadurch aufgebracht. Es packte den Soldaten und schleuderte ihn, ohne ihn zu verletzen, in hohem Bogen in die flüchtende Menschenmenge.

Es war ein grober Fehler, die an sich nur erschrockenen Tiere noch zu schlagen. Hätte man sie ruhig laufen lassen und ihnen einen Weg gebahnt, so wäre vermutlich kein Mensch verletzt worden. Manches Ereignis entbehrte nicht einer gewissen Komik. Einer der flüchtenden Dickhäuter kam auch zum Platzl, dem bei Einheimischen und Fremden berühmten Mittelpunkt Alt-Münchens, und begab sich direkt ins Hofbräuhaus, dessen Stammgästen der Rettich im Halse steckenblieb, als der riesige Gast eintretend das Tor verdunkelte. (...) Sie taten dem Elefanten nichts, und der Elefant tat der sprachlosen Stammtischrunde nichts. Erst am späten Nachmittag gelang es den Hagenbeckschen Wärtern, alle Tiere wieder einzufangen. Bei allem Schrecken verfuhren eigentlich die Elefanten noch glimpflich mit dem Publikum. Trotzdem waren viele Tote und Verletzte zu beklagen, und bei der Polizei wurden über 140 vermißte Kinder angemeldet. Nach der Katastrophe hörte man vielfach sagen: ‚Am vernünftigsten haben sich eigentlich die Elefanten benommen.‘ "

Carl Hagenbeck:
„Von Tieren und Menschen"

Elefanten in der Literatur

Auch wenn viele von ihnen niemals selbst diesem größten aller lebenden Landsäugetiere begegnet sind, hat es dennoch immer wieder Schriftsteller zu phantastischen Beschreibungen, eindrucksvollen Fabeln oder humoristischen Exkursen inspiriert.

Indische Miniatur (Anfang 19. Jahrhundert)

Plinius: Elefant im Mondschein

Plinius der Ältere (23 – 79) ist Autor der 37 Bände umfassenden „Naturalis historia", einer Enzyklopädie, welche die gesamten naturwissenschaftlichen Kenntnisse ihrer Zeit zusammenfaßte. Anderthalb Jahrtausende blieb sie ein Standardwerk. Im zoologischen Teil dieser Naturgeschichte führt Plinius all das Wunderbare an, was er in älteren Schriften zu dem Thema „Elefant" gefunden hat.

1. Wir gehen zu den übrigen Thieren über, und zwar zunächst zu den Landthieren. Das größte derselben ist der Elephant, der auch in Hinsicht seines Verstandes dem Menschen am nächsten kommt. Er versteht nämlich die Sprache seines Vaterlandes, gehorcht auf Befehl, denkt an die Dienstleistungen, die er gelernt hat, zeigt Sinn für Wohlwollen und Ruhm, ja, was selbst bei Menschen selten ist, für Rechtlichkeit, Klugheit und Billigkeit, sogar Ehrerbietung gegen die Gestirne, und Verehrung für Sonne und Mond. Wir haben Nachrichten, daß in den Mauretanischen Wäldern beim ersten Schimmer des Neumondes Elephantenheerden von den Bergen herab an einen Fluß, Namens Amilus, kommen und hier, sich feierlich reinigend, sich mit Wasser besprengen, und dann nach Begrüßung des Gestirns in die Wälder zurückkehren, ihre ermüdeten Jungen vor sich her tragend. Sie haben auch eine Vorstellung von fremder Gewissenhaftigkeit; namentlich glaubt man von ihnen, daß, wenn Sie über das Meer geführt werden sollen, sie die Schiffe nicht eher betreten, als bis sie durch die eidliche Zusicherung der

Wiederkehr von ihrem Führer dazu aufgefordert werden. Man hat von Krankheit ermattete gesehen, denn auch diese massenhaften Thiere befallen Krankheiten, welche, auf dem Rücken liegend, Kräuter gegen den Himmel warfen, als ob sie die Erde bei ihrem Flehen betheiligen wollten. Beweise ihrer Gelehrigkeit sind, daß sie den Königen Ehrerbietung beweisen, niederknien und denselben Kränze reichen. Die kleineren, welche man Bastarde (Nothos) nennt, gebrauchen die Inder zum Pflügen.

2. Zu Rom wurden zum ersten Male zwei Elephanten zusammen gespannt am Triumphwagen des großen Pompejus nach seinem Afrikanischen Feldzuge, was freilich der Sage nach schon vorher bei Vater Liber's Triumph über India geschehen war. Procilius erzählt, das Elephantenpaar bei dem Triumphe Pompejus' habe zusammen nicht durch das Thor gehen können. Bei den Fechterspielen des Cäsar Germanicus führten sie sogar einige unbeholfene Tanzbewegungen aus; gewöhnlich war es schon, daß sie Waffen durch die Lüfte schleuderten, ohne daß der Wind dieselben wegtrieb, ferner gewisse Fechtübungen unter sich vornahmen oder scherzend im pyrrhichischen Waffentanze spielten; später gingen sie auch auf Seilen einher, wobei ihrer vier sogar einen einzelnen wie eine Kindbetterin in einer Sänfte trugen, und traten an besetzten Tischen vorüber auf dem Wege zu ihren Lagerstätten mit so vorsichtigen Schritten über die Kissen hinweg, daß keiner der Trinker berührt wurde.

Gaius Plinius Secundus:
„Naturalis historia"

E. G. Happels springender Elefant

Die erste deutschsprachige Zeitschrift erschien Ende des 17. Jahrhunderts in Hamburg unter dem Titel „Relationes Curiosae". In ihr unterhielt der damals beliebteste Schriftsteller Eberhard G. Happel (1647–1690) seine Leser mit Wissenswertem aus aller Herren Länder. Daß er auch einen Beitrag zum Elefanten publizierte, zeigt, daß sich dieses Rüsseltier auch schon im 17. Jahrhundert einer ausgeprägten Beliebtheit erfreuen konnte.

Gar wohl hat Dionysius Areopagita unter andern geheimnüsvollen Sprüchen, welche wert sind, daß man sie mit güldenen Buchstaben anzeichne, gesagt: Das Höchste einer untern Ordnung erreicht das Niedrigste der obern Ordnung. Solches siehet man klärlich an den Elefanten, welche dem Urteil und Vernunftschlüssen des Menschen viel näher kommen als andere Tiere, obschon die Affen ihnen viel Dinge nachtun, weswegen die Kaffrer zu sagen pflegen: Sie reden darum nicht, damit man sie nicht zum Arbeiten nötige. Nichtsdestoweniger sind sie mit den Elefanten gar nicht zu vergleichen, von denen man weiland viel Fabulierens gemacht hat, dahero billig unter die unergründete Erzählung der Alten auch die Beschreibung des Elefantenfangs gehöret, dann man hat uns lange überreden wollen, diese ungeschickte grobe Bestia habe kein Gelenk in den steifen Schenkeln, weswegen sie sich weder bei Tag noch Nacht auf die Erde zur Ruhe lege, sondern nur an einen starken Baum lehne und daran schlafe. Solchen Baum bemerke der Jäger, säge ihn fast ganz ab, und wann sodann die ungeheure Last des Elefanten daran gesenkt werde, so falle er zusamt dem Tier übern Haufen und könne alsdann, weil ihm wegen Mangel der Gelenke das Aufstehen verboten, gar leicht gefangen werden. So lautet das Märlein der Alten. Aber heute weiß man bessern Bescheid davon. Der Elefant hat ja so gerade und gelenke Beine, als irgendein ander Tier, er kann den Kapreol gnugsam schneiden und gewaltige Luftsprünge tun, wann es ihm Zeit dazu deucht. Wie manchmal durchstreicht er die Wälder in Indien, insonderheit in Ceylon? Er tut alsdann solche Sprünge, daß ein Zuschauer vor Schrecken sterben möchte. Ganze Bäume weichen ihm zur Seiten, große Äste reißet er mittelst seiner Maulhörner herunter, die Erde erzittert, und man kann sein Toben und Springen auf weit und breit vernehmen. Dieses Tier ist seltsam und überaus verständig. (...)

Gewiß ist's, daß man in dem innern Teil Africae die meisten Elefanten antrifft, und solches kann man an der großen Anzahl der Zähne, so von dannen gebracht werden, abnehmen. Die Mohren daselbst steigen auf die Bäume, da die Elefanten gewohnet sind vorbeizugehen, und werfen ihnen einen Wurfspieß in den Leib, alsdann gehen sie ihm nach auf der Blutspur und treffen ihn endlich ganz ohnmächtig wegen des abgezapfeten Bluts an. Sodann schlachten sie die Bestien, essen das Fleisch und verkaufen die Zähne den Portugiesen oder andern Europäern.

E. G. Happel:
„Relationes Curiosae"

A. Schopenhauer: Wenn das Tier vor dem Menschen geschützt werden muß

Arthur Schopenhauer (1788 – 1860) verschrieb sich nach anfänglichen naturwissenschaftlichen Studien und Veröffentlichungen gänzlich der Philosophie. In einem seiner Hauptwerke: „Die beiden Grundprobleme der Ethik" (1841), setzt er sich u. a. mit dem Verhältnis von Mensch und Tier auseinander und begrüßt die ersten Tierschutzverordnungen der Engländer.

Ich erinnere mich, gelesen zu haben, daß ein Engländer, der in Indien auf der Jagd einen Affen geschossen hatte, den Blick, welchen dieser im Sterben auf ihn warf, nicht vergessen gekonnt und seitdem nie mehr auf Affen geschossen hat. Ebenso Wilhelm Harris, ein wahrer Nimrod, der, bloß um das Vergnügen der Jagd zu genießen, in den Jahren 1836 und 1837 tief ins innere Afrika reiste. In seiner 1838 zu Bombay erschienenen Reise erzählt er, daß, nachdem er den ersten Elefanten, welches ein weiblicher war, erlegt hatte und am folgenden Morgen das gefallene Tier aufsuchte, alle anderen Elefanten aus der Gegend entflohen waren: bloß das Junge des gefallenen hatte die Nacht bei der toten Mutter zugebracht, kam jetzt, alle Furcht vergessend, den Jägern mit den lebhaftesten und deutlichsten Bezeugungen seines trostlosen Jammers entgegen und umschlang sie mit seinem kleinen Rüssel, um ihre Hülfe anzurufen. Da, sagt Harris, habe ihn eine wahre Reue über seine Tat ergriffen und sei ihm zumute gewesen, als hätte er einen Mord begangen. Diese feinfühlende englische Nation sehn wir vor allen anderen durch ein hervorstechendes Mitleid mit Tieren ausgezeichnet, welches sich bei jeder Gelegenheit kundgibt und die Macht gehabt hat, dieselbe, dem sie übrigens degradierenden ‚kalten Aberglauben‘ zum Trotz, dahin zu bewegen, daß sie die in der Moral von der Religion gelassene Lücke durch die Gesetzgebung ausfüllte. Denn diese Lücke eben ist Ursache, daß man in Europa und Amerika der Tier-Schutz-Vereine bedarf, welche selbst nur mittelst Hülfe der Justiz und Polizei wirken können. In Asien gewähren die Religionen den Tieren hinlänglichen Schutz, daher dort kein Mensch an dergleichen Vereine denkt. Indessen erwacht auch in Europa mehr und mehr der Sinn für die Rechte der Tiere in dem Maße, als die seltsamen Begriffe von einer bloß zum Nutzen und Ergötzen der Menschen ins Dasein gekommenen Tierwelt, infolge welcher man die Tiere ganz als Sachen behandelt, allmälig verblassen und verschwinden.

Zum Ruhme der Engländer also sei es gesagt, daß bei ihnen zuerst das Gesetz auch die Tiere ganz ernstlich gegen grausame Behandlung in Schutz genommen hat und der Bösewicht es wirklich büßen muß, daß er gegen Tiere, selbst wenn sie ihm gehören, gefrevelt hat. Ja hiemit noch nicht zufrieden, besteht in London eine zum Schutz der Tiere freiwillig zusammengetretene Gesellschaft, ‚Society for the prevention of cruelty to animals‘, welche auf Privatwegen mit bedeutendem Aufwande sehr viel tut, um der Tierquälerei entgegenzuarbeiten.

Arthur Schopenhauer:
„Über die Grundlage der Moral"

Tolstoi: Der Elefant, der König sein wollte

Der berühmte Autor von „Krieg und Frieden", Leo Tolstoi (1828–1910), ist in erster Linie als Romanschriftsteller bekannt. Daß er auch Fabeln verfaßte, wissen nur wenige.

Eine Schar Schakale hatte im Dschungel alle toten Tiere aufgefressen. „Wir werden verhungern", kläfften die Schakale.

„Keineswegs", antwortete ein alter, listiger Schakal. „Ich habe einen guten Plan, der uns helfen wird."

Der alte Schakal ging zum Elefanten und sagte: „Weiser Elefant, wir Schakale hatten einen König, dem wir alle gehorchten. Doch er wurde übermütig und befahl uns, Dinge zu tun, die wir nicht tun konnten. Wir haben ihn daher fortgejagt und beschlossen, einen anderen König zu wählen. Wer aber würde sich besser zu unserem König eignen als du? Mein Volk bittet dich, unser König zu werden. Was immer du befehlen wirst, werden wir tun. Komm zu uns!"

Der Elefant willigte ein, König der Schakale zu werden, und folgte seinem Führer.

Doch der alte und listige Schakal führte den Elefanten in einen großen Sumpf. Als der Elefant in dem zähen Morast eingesunken war und sich nicht befreien konnte, rief ihm der Schakal zu: „Befiehl, o König, und was immer du verlangst, wird geschehen."

„Ich befehle dir, mir aus diesem Sumpf zu helfen", sagte der Elefant.

Der Schakal lachte. „Fasse meinen Schwanz mit deinem Rüssel", rief er,

„und ich werde dich sofort herausziehen."

Daraufhin fragte der Elefant verwundert: „Glaubst du wirklich, mein Freund, daß du mich mit deinem schwachen Schwanz herausziehen kannst?"

Nun stellte sich der Schakal wütend und rief zornig: „Warum gibst du mir einen Befehl, wenn du selbst weißt, daß ich ihn unmöglich ausführen kann. Du bist genauso wie unser früherer König! Er gab uns Befehle, die wir nicht befolgen konnten, und deshalb jagten wir ihn fort!"

Der Elefant starb im Sumpf, und als er tot war, stürzte sich die Schakalherde auf ihn und fraß ihn.

Leo Tolstoi:
„Der Elefant, der König sein wollte"

G. Orwell: Einen Elefanten erschießen

„Farm der Tiere" und „1984" sind die Werke, die George Orwell (1903 – 1950) berühmt gemacht haben. In Indien geboren, wurde er nach seiner Studienzeit Polizeioffizier in Birma. Nach fünf Jahren quittierte er den Dienst aus Protest gegen die britische Kolonialpolitik. In diesem Essay erzählt Orwell, wie er einen zahmen Elefanten töten mußte.

Eines Tages ereignete sich ein Vorfall, der im Ganzen höchst aufschlußreich für mich war. An sich hatte er keine große Bedeutung, aber er verschaffte mir eine tiefere Einsicht in die wahre Natur des Imperialismus, als ich bisher gehabt hatte, und in die geheimen Triebkräfte, durch welche despotische Regierungen zu ihrer Handlungsweise gezwungen werden.

Der zweite Inspektor der Polizeistation der Stadt rief mich frühmorgens an und sagte, ein Elefant sei im Begriff, den Basar zu verwüsten. Ob ich nicht hingehen und etwas dagegen unternehmen könnte? Ich wußte zwar nicht, was ich dagegen unternehmen sollte, aber ich nahm mir ein Pony und ritt los. Ich hatte mein Gewehr bei mir, eine alte Winchester 44, die viel zu schwach war, um damit etwas gegen einen Elefanten auszurichten. Vielleicht, dachte ich, würde der Knall ausreichen, um ihn zu verjagen.

Auf dem Weg zum Basar hielten mich mehrere Burmesen an, um mir zu berichten, was der Elefant trieb. Es war natürlich kein wilder, sondern ein zahmer Elefant, der einen „Koller" bekommen hatte. Er war wie alle zahmen Elefanten in diesem Zustand die Nacht vorher an die Kette gelegt worden, hatte sich jedoch losgerissen und war ausgerückt. (…)

Der Elefant war bei Tagesanbruch unvermutet wieder in der Stadt aufgetaucht. Die Einwohner hatten keine Waffen und waren gegen das Tier vollkommen machtlos. Es hatte bereits mehrere Bambushütten umgerissen, eine Kuh getötet und verschiedene Obststände geplündert und niedergetrampelt. Dann war es auf den Wagen der städtischen Müllabfuhr losgegangen und hatte ihn umgeworfen und schwer beschädigt. Zum Glück hatte der Fahrer vorher abspringen und sich in Sicherheit bringen können.

Der zweite Inspektor, ein Burmese, und mehrere indische Polizisten warteten auf mich in dem Viertel, in dem der Elefant zuletzt gesehen worden war. Es war ein ärmliches Viertel, ein Labyrinth elender, mit Palmblättern gedeckter Bambushütten, die sich an einem steilen Hang hinzogen.

Ich erinnere mich, daß es ein trüber, erstickend heißer Tag zu Beginn der Regenzeit war. Wir fragten zunächst die Bewohner, wohin sich der Elefant gewandt hätte, bekamen aber wie gewöhnlich keine genaue Auskunft. (...) Ich war schon beinahe geneigt zu glauben, das Ganze sei ein einziger Schwindel, als wir aus geringer Entfernung Schreie hörten. Es war die Stimme einer Frau, die wütend schrie: „Weg da, Kinder! Wollt ihr wohl sofort da weggehen!" Gleich darauf kam sie selbst hinter einer Hütte zum Vorschein, eine Schar nackter Kinder mit einer Art Besen vor sich hertreibend. Es war eine alte Frau, der schwatzend und schreiend andere Frauen folgten. Offenbar gab es da etwas, das die Kinder nicht sehen sollten.

Ich lief um die Hütte und erblickte am Boden die Leiche eines Mannes. Es war ein Inder, ein schwarzer Drawidischer Kuli, fast nackt. Der Tod konnte erst vor ein paar Minuten eingetreten sein. Die Leute erzählten, der Elefant sei plötzlich hinter einer Hütte hervorgebrochen, habe den Mann angefallen, ihn mit dem Rüssel gepackt, zu Boden geschleudert und dann totgetrampelt. Es war in der Regenzeit, und die Erde war aufgeweicht. Der Kopf des Mannes war fast einen Fuß tief in den Boden gestampft. Er lag auf dem Bauch, beide Arme weit ausgebreitet, mit seitlich scharf abgeknicktem Kopf. Das Gesicht war schlammbedeckt, Augen und Mund standen weit offen, und seine Züge zeigten den Ausdruck unbeschreiblicher Angst. Der Elefant hatte ihm mit seinem Rießenfuß die ganze Haut vom Rücken gerissen. Man hätte ein Kaninchen nicht sauberer abziehen können. (...) Von einigen Burmesen hatte ich inzwischen erfahren, daß sich der Elefant am Fuße des Abhangs in einem Reisfeld aufhielt, nur ein paar hundert Yards entfernt.

Ich machte mich auf den Weg. Fast die gesamten Bewohner des Viertels hatten ihre Hütten verlassen und folgten mir. Sie hatten die Elefantenbüchse bemerkt und schrien aufgeregt durcheinander, daß ich den Elefanten erschießen wollte. Solange er nur ihre Hütten verwüstet hatte, hatten sie sich nicht weiter um ihn gekümmert. Jetzt, wo er erschossen werden sollte, sah es anders aus. Jetzt war es für sie eine Belustigung, wie es das auch für eine Volksmenge in England gewesen wäre. Außerdem waren sie auf das Fleisch lüstern.

Mir war äußerst unbehaglich zumute. Ich hatte gar nicht die Absicht, den Elefanten zu töten. Nach dem Gewehr hatte ich nur geschickt, um mich notfalls verteidigen zu können. Schließlich machte es mich nervös, einen Haufen Menschen im Rücken zu haben.

Hinter den letzten Hütten führte eine geschotterte Straße am Fuß des Abhangs entlang. Jenseits der Straße dehnte sich verschlammtes Ackerland, ein noch unbebautes Reisfeld voller Unkraut, etwa tausend Yards im Quadrat, dessen Boden durch die ersten Regenfälle völlig aufgeweicht war. Ungefähr hundert Yards unterhalb der Straße stand der Elefant. Er kehrte mir seine linke Flanke zu und graste, ohne von der herannahenden Menschenmenge auch nur die geringste Notiz

Elefantenjagd in Afrika; Aufnahme aus dem Jahr 1920

zu nehmen. Mit dem Rüssel riß er Grasbüschel aus, schlug sie sorgsam gegen sein Knie, um sie von Erde zu säubern, und stopfte sie sich ins Maul.

Auf der Straße machte ich halt. Sobald ich den Elefanten erblickt hatte, wußte ich mit absoluter Gewißheit, daß ich ihn nicht zu töten brauchte. Es ist eine schwerwiegende Angelegenheit, einen Arbeitselefanten zu töten – vergleichbar etwa mit der Zerstörung einer großen, wertvollen Maschine. Wenn es sich irgendwie vermeiden ließ, verzichtete man besser darauf. Aus der Nähe sah der friedlich grasende Elefant nicht gefährlicher aus als eine weidende Kuh. Ich war überzeugt – und glaube es auch heute noch –, daß sich sein Wutanfall gelegt hatte. Er würde höchstens noch eine Weile umherwandern, ohne Schaden anzurichten, bis sein Mahoud zurück-kam und ihn wieder einfing. Ich hatte nicht die geringste Lust, ihn zu töten. Ich beschloß, ihn noch eine Weile zu beobachten, um sicher zu sein, daß er kein weiteres Unheil anrichtete, und dann nach Hause zurückzukehren.

In diesem Augenblick fiel mein Blick auf die Menge, die mir gefolgt war. Sie war unheimlich angewachsen, bis auf ungefähr zweitausend Menschen, und nahm noch immer mit jeder Minute zu. So weit man sehen konnte, war die Straße nach beiden Seiten versperrt. Ich blickte auf dieses Meer von gelben Gesichtern über grell-bunten Kleidern, alle freudig erregt, glücklich über die willkommene kleine Belustigung. Keiner zweifelte daran, daß ich den Elefanten erschießen würde. Sie sahen mir zu wie einem Zauberkünstler, der im Begriff ist, einen schwierigen Trick vorzuführen. Sie verabscheuten mich, aber in diesem Augenblick, mit dem Gewehr in der Hand, lohnte es sich, mir zuzusehen. Mit einem Schlage wurde mir klar, daß ich trotz aller Bedenken den Elefanten würde erschießen müssen. Die Menge erwartete es von mir, mir blieb gar keine andere Wahl. Ich fühlte den Willen der Zweitausend, der mich dazu antrieb, förmlich unwiderstehlich. Genau in dieser Minute, als ich mit der Büchse in der Hand dastand, wurde mir die ganze Brüchigkeit und Hohlheit der Herrschaft des weißen Mannes im Osten bewußt. Hier stand ich, der weiße Mann, mit einem Gewehr in der Hand, einer Masse von unbewaffneten Eingeborenen gegenüber, scheinbar der Held des Stückes, in Wirklichkeit eine Gliederpuppe, deren Bewegungen vom Willen der Gelbgesichter hinter mir bestimmt wurde. In dieser Minute wurde mir klar, daß der Weiße durch seine tyrannische Herrschaft sich selber zum Sklaven macht. Er ist nichts als eine hohle Attrappe, die konventionelle Figur des „Sahib". Sein Herrentum zwingt ihn, sein Leben lang Eindruck auf die Eingeborenen zu machen, oder es wenigstens zu versuchen. In jeder krititschen Lage muß er das tun, was die Eingeborenen von ihm erwarten. Er muß eine Maske tragen, für die sein Gesicht zu klein ist. Mir blieb nichts anderes übrig, als den Elefanten zu erschießen, ich hatte mich in gewissem Sinne dazu verpflichtet, als ich nach dem Gewehr schickte. Ein Sahib hat die Pflicht, wie ein Sahib zu handeln. Er muß entschlossen erscheinen, er muß wissen, was er will und dementsprechend vorgehen. Den ganzen langen Weg

machen, im Angesicht einer zweitausendköpfigen Menge dastehen, ein Gewehr in der Hand halten und sich dann drücken, ohne etwas unternommen zu haben – nein, das war unmöglich. Die Menge hätte mich einfach ausgelacht – da mein Leben und das jedes Weißen im Osten nichts anderes war als ein dauernder Kampf, nicht ausgelacht zu werden.

Nichts lag mir ferner, als den Elefanten zu töten. Ich sah ihm zu, wie er die Grasbüschel an seinem Knie ausklopfte, auf die bedächtige, großmütterliche Art, die Elefanten eigen ist. Ich wußte, daß es reiner Mord war, ihn abzuschießen. In meinem damaligen Alter machte ich mir kein Gewissen daraus, ein Tier zu töten. Ich hatte noch nie einen Elefanten erlegt und auch nie den Wunsch gehabt. (Irgendwie kommt es einem ja immer verwerflich vor, ein großes Tier zu töten.) Nebenbei mußte man auch den Eigentümer des Tieres in Betracht ziehen. Lebend war der Elefant wenigstens hundert Pfund wert, tot höchstens soviel wie die Stoßzähne, das heißt vielleicht fünf Pfund. Ich wandte mich an ein paar Burmesen, die einen erfahrenen Eindruck machten. Sie waren schon am Platz gewesen, als wir ankamen. Ich fragte sie, wie sich der Elefant die ganze Zeit über verhalten habe. Sie meinten übereinstimmend, daß er sich um niemand kümmern würde, solange man ihn in Ruhe ließe, aber zum Angriff übergehen könne, wenn man ihm zu nahe käme.

Mir war völlig klar, was ich hätte tun müssen – auf ihn zugehen bis auf, sagen wir, fünfundzwanzig Yards, um zu sehen, was er machen würde. Griff er mich an, mußte ich schießen, nahm er keine Notiz von mir, war das Beste, ihn sich selbst zu überlassen, bis der Mahoud zurückkommen würde. Gleichzeitig wußte ich, daß ich das nicht tun würde. Ich war ein schlechter Gewehrschütze und der Boden so schlammig, daß ich bei jedem Schritt bis über die Knöchel einsinken würde. Falls er mich angriff und ich ihn verfehlte, hatte ich soviel Aussicht, lebend davonzukommen, wie eine Kröte unter einer fahrenden Dampfwalze. Dabei war es nicht einmal so sehr die Sorge um meine Haut, die mich beunruhigte, als vielmehr der Gedanke an die zahllosen gelben Gesichter, die jede Bewegung von mir gespannt verfolgten. Sonderbarerweise bewirkte die Gegenwart der Menge in meinem Rücken, daß ich weniger Angst empfand, als ich vielleicht gehabt hätte, wenn ich allein gewesen wäre. Ein Weißer darf „Eingeborenen" gegenüber keine Angst haben, und infolgedessen hat er im allgemeinen auch keine. Was mir wirklich Sorge machte, war die Vorstellung, daß etwas schiefgehen könnte und ich vor den Augen dieser zweitausend Burmesen von dem Elefanten angegriffen, gepackt, zertreten und in einen grinsenden Leichnam verwandelt werden könnte, wie jener Inder oben am Hügel. Einige würden, falls es dazu kommen sollte, wahrscheinlich in Lachen ausbrechen. Das durfte nie und nimmer geschehen. Also blieb nur der andere Weg. Ich schob die Patronen in das Magazin und legte mich der Länge nach auf die Straße, um zielsicherer schießen zu können.

Mit einem Schlag wurde die Menge totenstill. Man hörte nur ein tiefes, erleichtertes, befriedigtes Aufseufzen aus zweitausend Kehlen, wie im Theater, wenn endlich der Vorhang aufgeht.

Die Büchse war eine wundervolle deutsche Waffe mit einem Fadenkreuz im Zielfernrohr. Ich wußte damals noch nicht, daß man sich eine Linie von einem Ohrloch zum anderen denken und daraufhalten muß, um einen Elefanten tödlich zu treffen. Da das Tier mir die Flanke zuwandte, hätte ich also genau auf das Ohrloch zielen müssen. Statt dessen zielte ich auf eine Stelle mehrere Inches weiter nach vorn, weil ich annahm, daß sich ungefähr dort das Gehirn befinden müsse.

Als ich abzog, hörte ich, wie immer, wenn ein Schuß sitzt, weder den Knall noch spürte ich den Rückschlag. Dagegen hörte ich den diabolischen Jubelschrei der Menge. Fast in der gleichen Sekunde oder doch so kurz danach, daß man sich kaum vorstellen konnte, daß die Kugel bereits ihr Ziel erreicht hatte, ging eine schreckliche, geradezu unheimliche Veränderung mit dem Elefanten vor. Er fiel nicht, er schwankte nicht einmal, aber mit dem ganzen riesigen Leib war eine Verwandlung vor sich gegangen, er sah plötzlich verfallen aus, in sich zusammengesunken, uralt. Der furchtbare Einschlag der Kugel mußte ihn gelähmt haben, ohne ihn niederzuwerfen.

Ich habe mich oft gewundert, daß von den Europäern keiner den eigentlichen Grund erriet, warum ich es getan hatte – nämlich aus Angst, mich lächerlich zu machen.

G. Orwell:
„Einen Elefanten erschießen"

Glossar

Ankus: Enterhakenähnlicher Dirigierstab des Elefantenführers.

Bindegewebskissen: Besonders stark ausgebildete Stützschicht aus Elastinfasern und Fettpolstern, auf der die Mittelfußknochen ruhen und so die Fortbewegung als Zehenspitzengänger ermöglichen.

Cerebralisationsindex: Quotient aus Gesamthirn- und Stammhirnmasse der Säugetiere; gibt einen Hinweis auf Denkleistung einer Tiergruppe. Die höchsten Werte erreichen Mensch (170); Zahnwale (121) und Elefanten (104).

Culling: (engl. = pflücken, ernten); kontrollierte Erschießung von erwachsenen Elefantenherden bei hoher Populationsdichte in den afrikanischen Nationalparks; die Jungtiere werden dabei verschont und an Zoos oder Zirkusse verkauft.

Elephantophagen: (gr.: phagein = fressen); Strabo beschrieb die Bewohner der Steppen des Adbaragebietes (Sudan) als mutige Elefantenjäger, die sich vom Fleisch ihrer Beute ernährten.

Gätuler: Antiker Name der Nomaden am Nordrand der Sahara.

Khedda: Indische Bezeichnung für das Treiben ganzer Elefantenherden in einen Kraal.

Koonkie: In Südasien Bezeichnung für einen ausgewachsenen Arbeitsbullen, der bei Fang und Abrichtung von Wildfängen eingesetzt wird.

Kraal: Fester Viehpferch aus bis zu 4 m hohen Holzpalisaden von der Größe eines Fußballfeldes; dient zum Elefantenfang während einer Khedda.

Mahout: (Ursprung ind.); Bezeichnung für Elefantenführer in den ehemaligen britischen Kolonien.

Menagerie: (franz.) Bezeichnung für eine Tierschau bzw. Tiergarten; Vorläufer der heutigen Zoos.

Mesolithikum: Zeitalter der Mittelsteinzeit, ca. 10 000 – 6 000 v. Chr.

Musth: 1. Schläfendrüse der Elefanten. 2. Sekret der Schläfendrüse. 3. Erregungszustand der Elefanten.

Neolithikum: Zeitalter der Jungsteinzeit, beginnt ca. 8 000 Jahre v. Chr. mit dem Anbau von Kulturpflanzen und der Haltung der Haustieren im Vorderen Orient.

Peltasten: (zu gr. pelte = kleiner Schild); Mit einem kleinen Lederschild und einem 2 m langen Wurfspeer bewaffnete Fußsoldaten im Griechenland des 4. Jahrhunderts v. Chr.

Predmost: Bedeutende paläolithische Siedlung in der Tschechei mit Skelettrestfunden von über 1 000 Mammuten und u. a. einer von Menschenhand gefertigten 25 000 Jahre alten Mammutplastik.

Punt: Aus ägyptischen Inschriften überlieferte afrikanische Landschaft, wahrscheinlich an der somalischen Küste gelegen. Handelsbeziehungen mit Ägypten sind seit dem 3. Jahrtausend v. Chr. belegt.

Steppenelefant: (Loxodonta africana africana) Rasse der afrikanischen Großelefanten (Loxodonta africana), lebt überwiegend in Feuchtsavannen und Galeriewäldern südlich der Sahara.

Waldelefant: (Loxodonta africana cyclotis) Zweite bekannte Rasse des rezenten afrikanischen Großelefanten, bewohnt den äquatorialen Regenwald des afrikanischen Kontinents.

Kleine Auswahl der weiterführenden Literatur

Othenio Abel: Lebensbilder aus der Tierwelt der Vorzeit, Jena 1922.

Othenio Abel: Vorzeitliche Tierreste im Deutschen Mythus. Brauchtum und Volksglaube, Jena 1939.

A. Augustua und Z. Burian: Das Buch von den Mammuten, Prag 1962.

Petrus Camper: Kurze Nachricht von der Zergliederung eines jungen Elefanten, in: P. C. Kleinere Schriften, Leipzig 1784.

R. Carrington: Elefanten, Konstanz 1962.

Iani und Oria Douglas-Hamilton: Unter Elefanten, München 1976.

Iani und Oria Douglas-Hamilton: Wir kämpfen für die Elefanten, München 1992.

Vitus Dröscher (Hrsg.): Rettet die Elefanten Afrikas, Hamburg 1990.

M. Eisentraut und W. Böhme: Gibt es zwei Elefantenarten in Afrika? in: Kölner Zoo, Heft 2/1989.

M. Eisentraut und W. Böhme: Zur weiteren Dokumentation des Zwergelefanten, in: Z. Köln. Zoo, Heft 4/1990.

Bernhard Grzimek: Die Elefantenschule, Stuttgart 1949.

Heinrich Hediger: 50 Jahre Zähmung afrikanischer Elefanten, in: Umschau 1950, Heft 10.

Hermann-Josef Höper: Die Evolution der Rüsseltiere, Münster 1986.

O. Keller: Die antike Tierwelt, Leipzig 1913.

Rudyard Kipling: Toomai, der Liebling der Elefanten, in: Das Dschungelbuch, München o. J.

Rudyard Kipling: Wie das Elefantenkind seinen Rüssel bekam, in: Das kommt davon, München 1964.

Reinhard Künkel: Elefanten – Afrikas freundliche Riesen, Hamburg 1981.

Fred Kurt: Das Elefantenbuch, Hamburg 1986.

Fred Kurt und Louis Knie: Elefanten und Tiger im Circus Knie, Zürich 1980.

Cynthia Moss: Die Elefanten vom Kilimandscharo, Hamburg 1990.

Arno Hermann Müller: Lehrbuch der Paläozoologie Band III Vertebraten, Teil 3 Mammalia, Jena 1989.

Stephan Oettermann: Die Schaulust am Elefanten, Frankfurt/M. 1982.

Felix R. Paturi: Die Chronik der Erde, Dortmund 1991.

A. von Pawlikowski-Cholewa: Die Heere des Morgenlandes, Berlin 1940.

K. B. Payne, J. H. Poole und W. R. Langbauer jr.: In Vorbereitung: Infrasonic calls in freeranging African elephants, a possible long distance communication network.

Paul Siegfried: Das Mammut von Ahlen, Stuttgart 1959.

S. K. Sikes: The natural history of the African elephant, London 1971.

E. Thenius: Eiszeiten – einst und jetzt, Stuttgart 1974.

E. Thenius: Grundzüge der Faunen- und Verbreitungsgeschichte der Säugetiere, 2. Auflage, Jena 1980.

Heathcote Williams: Elefanten, Frankfurt 1985.

J. H. Williams: Elefanten in Birmas Dschungel, Wien 1951.

Verwendete Literatur

Michael Herholz: Die Stammesgeschichte der Rüsseltiere. © beim Autor.

Herbert Wendt: Entwicklungsgeschichte der Lebewesen; aus: Grzimeks Tierleben, Band 12. © Kindler Verlag Zürich, 1982.

Hugo Obermaier: Fauna des Eiszeitalters; aus: Der Mensch aller Zeiten, Band 1. (Trotz aller Bemühungen war die Anschrift des Rechteinhabers nicht zu ermitteln.)

Bernhard Peyer: Die Zähne. © 1963 Springer Verlag, Berlin – Heidelberg – New York.

Rudolf Altevogt: Säugetiere; aus: Grzimeks Tierleben, Band 12 a.a.O..

Everhard Slijper: Riesen und Zwerge im Tierreich. © 1967 Paul Parey Verlag, Hamburg und Berlin.

L. Harrison Matthews: Die Enzyklopädie der Natur, Band 17. Übersetzung: Magnus Verlag, Essen. © Weidenfeld & Nicolson Ltd. London.

Rudolf Altevogt: Säugetiere; aus: Grizmeks Enzyklopädie, Band 4. © 1988 Kindler Verlag, München.

L. Harrison Matthews: Das Leben der Säugetiere; aus: Die Enzyklopädie der Natur a.a.O.

Fred Kurt: Säugetiere; aus: Grizmeks Enzyklopädie, Band 4. a.a.O.

Vitus B. Dröscher: Rettet die Elefanten Afrikas. © Rasch und Röhring Verlag, Hamburg.

Der Elefant als Opfer der eigenen Fruchtbarkeit. Neue Züricher Zeitung, Fernausgabe Nr. 250 vom 28. Oktober 1992. © L. F. Trueb, 1992.

Rudolf Altevogt: Säugetiere; aus: Grzimeks Enzyklopädie, Band 4. a.a.O.

S. Montgomery: Unerhörte Töne aus der Welt der Tiere. © bei der Autorin.

Bernhard Grzimek: Die Rüsseltiere; aus: Grzimeks Tierleben, Band 12. a.a.O.

Saubere oder heiße Ware?; aus: Geo 9/90. © 1993 Gruner + Jahr AG & Co., Hamburg.

Hermann Dembeck: Tiere machen Geschichte. (Trotz aller Bemühungen war die Anschrift des Rechteinhabers nicht zu ermitteln.)

Fritz Nötzoldt: Elefanten, Elefanten. © Elsbeth Nötzoldt-Janda.

Carl Hagenbeck: Von Tieren und Menschen. © Paul List Verlag, München.

Gaius Plinius Secundus: Naturalis historia. Übersetzt von Friedrich Christian und Lebrecht Strack. Reprograph. Nachdruck der 1. Auflage, Bremen 1853.

Eberhard G. Happel: Relationes Curiosae; aus: Größte Denkwürdigkeiten der Welt. O.o. 1684.

Arthur Schopenhauer: Über die Grundlage der Moral; aus: Kleinere Schriften. Sämtliche Werke Band III. Cotta, 1840.

Leo Tolstoi: Der Elefant, der König sein wollte; aus: Das große Fabelbuch. © by Verlag Carl Ueberreuter, Wien.

George Orwell: Einen Elefanten erschießen; aus: Im Innern des Wals. Erzählungen und Essays. Übersetzung von Felix Gasbarra und Peter Naujack. © 1985 by Diogenes Verlag AG Zürich.

Bildnachweis

Umschlag
Vorderseite: Elefanten. Foto von G. Ziesler; aus: Heathcote Williams, Elephants. © Bruce Coleman Ltd. Wildlife, Middex.

Buchrücken: Elefant. Indische Miniatur aus der späten Mogulschule, um 1740. London, British Library. Rückseite: Ebd.

Bildvorspann
1 Elefantenherde. Indische Miniatur aus der späten Mogulschule.
2/3 Babur raubt eine Herde Schafe von den Hazaras. Miniatur aus einem Buch über den indischen Großmogul Babur. Foto: R. Michaud, Paris.
4/5 Babur jagt ein Rhinozeros. Ebd.
6/7 Babur nimmt an Tierkämpfen teil. Ebd.
8/9 Kampfszene. Ebd.
11 Elefant. Indische Miniatur. London, British Library.

Erstes Kapitel

12 Mammut. Gemälde von Zdenek Burian. Paris, Muséum national d'histoire naturelle. Foto: Charmet, Paris.

13 Elefantenbaby. Foto: Reinhardt Künkel, München.

14/15 Die Entwicklung vom Moeritherium zum Loxodonta. Originalzeichnung von Pierre de Hugo. Foto: De Hugo, Paris.

15 (oben) Mammut. Prähistorische Felszeichnung aus der Grotte von Pech-Merle, Frankreich. Foto: Bibliothek der SMPK, Berlin.

16 Mammutherde. Lithographie von Wilhelm Kuhnert, um 1900. Paris, Bibliothèque des Arts décoratifs. Foto: Charmet, Paris.

17 Entdeckung von Mammuts in Sibirien, die durch das ewige Eis konserviert wurden. Lithographie. Foto: Charmet, Paris.

18/19 Imaginäre, steinzeitliche Szene. Fresko von Viktor Michailowitsch Wasnezow. Moskau, Tretjakow-Galerie. Foto: Bibliothek der SMPK, Berlin.

19 (oben) Mammutjagd in den frühen Tagen der Menschheit. Lithographie; aus: „Journal des voyages" (1877–78). Foto: Editions Gallimard, Paris.

20/21 Afrikanischer Elefant. Gemälde aus der Sammlung Benelli, Florenz. Foto: Scala, Florenz.

21 (oben) Indischer Elefant. Deutsche Lithographie von 1887. Foto: Tapabor, Paris.

22 Allegorie Amerikas. Gemälde von Jan van Kessel (1666). München, Alte Pinakothek.

23 (oben) Elefant. Foto: Reinh. Künkel, München.

23 (unten) Schnitte durch den Rüssel. Zeichnungen aus dem 18. Jh; aus: „Histoire des quadrupèdes" von G. L. Leclerc Graf von Buffon. Foto: Bibliothèque du Muséum national d'histoire naturelle, Paris.

24 (oben) Afrikanischer Elefant. Ausschnitte aus der Hautoberfläche. Foto: Bios/R. Seitre.

24 (unten links) Backenzahn eines Mastodons. Länge: 20 cm. Paris, Muséum national d'histoire naturelle, Paris. Foto: Photothèque du laboratoire de paléontologie, Muséum national d'histoire naturelle/ Serrette, Paris.

24 (unten rechts) Backenzahn vom Oberkiefer von Elephas meridionalis. Länge: 25 cm. Ebd.

25 (oben) Unterkiefer von Elephas primegenius. Länge: 40 cm. Ebd.

25 (unten) Indischer Elefant. Foto: R. Michaud, Paris.

26 (oben) Die damalige Vorstellung von der Fortpflanzung der Elefanten. Lithographie; aus: „Histoire naturelle des deux éléphants du Muséum" von Jean Pierre Louis Laurent Houel (1803). Foto: Bibliothèque nationale, Paris.

26 (mitte) Geburt eines Elefanten. Ebd.

27 Das Säugen eines kleinen Elefanten. Ebd.

28 Afrikanische Elefanten. Gemälde von Charles-Emile Tournemine. Paris, Musée d'Orsay. Foto: Réunion des Musées nationaux, Paris.

29 (oben) Elefanten in einer ausweglosen Situation. Zeichnung von Rioux; aus: „Le Tour du Monde" (1875), Band 2. Foto: Editions Gallimard, Paris.

30/31 Das Freßverhalten der Elefanten. Lithographie; aus: „Histoire naturelle des deux éléphants du Muséum" von Jean Pierre Louis Laurent Houel (1803). Foto: Bibliothèque nationale, Paris.

32 Eine Herausforderung an die Elefantenherde. Lithographie. Paris, Bibliothèque centrale du Muséum national d'histoire naturelle.

33 (oben) Angriff eines Tigers. Ebd.

33 (unten) Ein Krokodil greift einen Elefanten an. Indische Miniatur. Paris, Bibliothèque nationale.

35 Ein Zug wird durch eine Herde indischer Elefanten zum Entgleisen gebracht; aus: „Le petit Parisien", August 1901. Foto: Charmet, Paris.

Zweites Kapitel

36 Der Palast des Großmoguls Akbar I. Indische Miniatur, um 1590. London, Victoria and Albert Museum. Foto: Bridgeman Art Library, London.

37 Allegorie Afrikas. Mosaik aus der römischen Villa Imp. Romano del Casale, Italien, Piazza Armerina. Foto: Scala, Florenz.

38 Karte Indiens aus dem Atlas von Miller (1519). Paris, Bibliothèque nationale. Foto: Editions Gallimard, Paris.

39 Indischer Elefant. Indische Miniatur. Ebd.

40 Allegorie Afrikas. Gemälde auf Marmor. Ebd.

41 Elefanten vom Flachrelief „Die Buße des Arjuna" in Mahabalipuram, Indien aus dem 7. Jh.. Foto: Giraudon, Paris.

42 (unten) Ein Elefant trägt den Buddha. Chinesisches Gemälde. Washington, Freet Gallery of Art. Foto: Edimédia, Paris.

42/43 Allee der Tiere. Grab der chinesischen Ming-Dynastie in der Umgebung von Peking. Foto von S. Passet von 1912. Boulogne, Sammlung Albert Kahn.

43 (unten) Ebd.

44 Münze Chandraguptas. Museum von Delhi. Foto: Scala, Florenz.

45 (oben) Das indische Pantheon. Miniatur. Paris, Bibliothèque nationale. Foto: Charmet, Paris.

45 (unten) Der hinduistische Gott Indra, auf seinem Elefanten sitzend. Nordindische Miniatur aus dem 19. Jh. Privatsammlung. Foto: Paris, Bibliothèque nationale.

46 Der hinduistische Elefantengott Ganesha. Miniatur. Foto: Ebd.

47 (oben) Ganesha und die Königin Maya. Miniatur. Paris, Bibliothèque nationale. Foto: R. Michaud, Paris.

47 (unten) Der Palast des Königs und der weiße Elefant. Lithographie; aus: „Le Tour du Monde" (1855). Foto: Archives Gallimard, Paris.

48 Ein zum Tode Verurteilter wird in Baroda (Indien) durch den Fußtritt eines Elefanten hingerichtet. Lithographie von Emile Bayard aus dem 19. Jh.. Paris, Archives Gallimard. Foto: Bibliothèque du Muséum national d'histoire naturelle, Paris.

49 Kampf zwischen Persern und Türken. Miniatur in Shah Nahmé. Foto: Archiv für Kunst, München.

50/51 Die Truppen Akbars belagern Raj Surjan Hada. Miniatur. London, Victoria and Albert Museum. Foto: Archiv für Kunst, München.
53 (oben) Elefantenkampf in Baroda (Indien). Lithographie von Emile Bayard aus dem 19. Jh. Paris, Archives Gallimard. Foto: Bibliothèque du Muséum national d'histoire naturelle, Paris.
53 (unten) Die Engländer in Afghanistan im Jahre 1879. Lithographie. Foto: Archiv für Kunst, München.
54 Tigerjagd. Umschlagbild eines Schulheftes, um 1900.
55 (oben) Der Großmogul Akbar überquert den Ganges. Miniatur vom Ende des 16. Jh. London, Victoria and Albert Museum. Foto: Bridgeman Art Library, London.
55 (unten) Erotische Szene. Miniatur vom Ende des 18. Jh.
56/57 Ein Elefant zieht einen Baumstamm. Aquarell von Eduard Hildebrandt, um 1860. Foto: Archiv für Kunst, München.
57 (oben) Transportelefant. Zeichnung vom Anfang des 19. Jh. Paris, Bibliothèque nationale. Foto: Charmet, Paris.
58 Kampf zwischen Persern und Türken. Miniatur vom Ende des 17. Jh. London, Victoria and Albert Museum. Foto: Bridgeman Art Library, London.
59 Akbar betrachtet einen wilden Elefanten. Miniatur, um 1590. Ebd.
60/61 Elefantenjagd. Aquarell. Paris, Bibliothèque nationale.
62/63 Elefantenställe und die Fütterung der Elefanten. Ebd.
64/65 Kampf dreier Elefanten gegen einen Tiger. Ebd.
66/67 (oben) Elfenbeinjäger. Stich aus dem 18. Jh. Bibliothèque du Muséum d'histoire naturelle, Paris.
66/67 (unten) Flachrelief vom Tempel von Musawarad im Sudan. Foto: Rapho, Paris.
68/69 Elefantenjagd in Afrika. Lithographie aus dem 19. Jh. Ebenda. Foto: Bibliothèque du Muséum national d'histoire naturelle, Paris.
69 Elfenbeinstatue aus Angola, eine Gottheit darstellend. Foto von C. Lemzaouda: Foto: Fotothek des Musée de l'Homme/Lemzaouda, Paris.
70 Geschnitztes Elfenbein. Lithographie; aus: „Le Tour du Monde" (1876), Band I. Foto: Archives Gallimard, Paris.
71 Die Hottentotten jagen wilde Tiere. Stich aus dem 17. Jh. Paris, Bibliothek des Muséum national d'histoire naturelle.

Drittes Kapitel
72 Miniatur aus dem „Physiologus". London, British Library.
73 Feldarbeit in Ceylon (Sri Lanka). Farblithographie um 1900. Foto: Edimédia, Paris.
74 Elefant. Aus einem griechischen Manuskript. Paris, Bibliothèque nationale.
75 Orpheus verzaubert die Tiere. Spätantikes römisches Mosaik aus dem 4. Jh. Foto: Giraudon, Paris.

76/77 Kambyses und Psammetich III. Gemälde von Adrien Guignet. Paris, Musée du Louvre. Foto: Réunion des Musées nationaux, Paris.
77 (unten) Gefangene Tiere. Assyrisches Flachrelief vom Obelisken Salmanassars III. Foto: Ronald Sheridan, Paris.
78 (oben) Schlacht Alexanders des Großen. Gemälde von Charles Lebrun aus dem 17. Jh. Paris, Musée du Louvre. Foto: Giraudon, Paris.
78 (unten) Schild mit der Darstellung eines Kriegselefanten. Etruskische Arbeit aus dem 3. Jh. v. Chr. Foto: Dagli Orti, Paris.
78/79 Die Niederlage von Poros. Gemälde von Antoine Watteau, Anfang des 18. Jh. Lille, Palais des Beaux-Arts. Foto: Musée des Beaux-Arts, Lille.
80 (oben) Die Schlacht von Zama. Ausschnitt aus der Geschichte von P. Cornelius Scipio. Gobelin aus dem 17. Jh. Paris, Musée du Louvre. Foto: Réunion des Musées nationaux, Paris.
80 (unten) Kriegselefant. Terrakotta aus Myrina. 3.–2. Jh. v. Chr. Ebd. Foto: Dagli Orti, Paris.
81 (oben) Pyrrhusschlacht. Gemälde von Johann Heinrich Schönfeld. München, Alte Pinakothek. Foto: Archiv für Kunst, München.
81 (unten) Ausschnitt aus der Schlacht von Zama. Ausschnitt aus der Geschichte von P. Cornelius Scipio. Gobelin aus dem 17. Jh. Paris, Musée du Louvre. Foto: Réunion des Musées nationaux, Paris.
82/83 Hannibal überquert die Alpen. Gemälde von Henri Motte (1878). Foto: Archiv für Kunst, München.
84/85 Die Elefanten Hannibals schlagen die römischen Truppen. Foto: Ebd.
86/87 Das Fangen wilder Tiere. Römisches Mosaik aus der Villa Imp. Romano del Casale. Italien, Piazza Armerina. Foto: Magnum/Lessing, Paris.
88 Ein Elefant tötet eine Raubkatze. Mosaik aus dem Palast der byzantinischen Kaiser, Byzanz. Istanbul, Museum der Mosaiken. Foto: Dagli Orti, Paris.
89 (oben) Bestiarium aus dem 13. Jh. London, British Library.
89 (mitte) Das „Liber addimentorum" von Mattew Paris, um 1255. Ebd.
89 (unten) Kompendium der Heilpflanzen. 14. Jh. Ebd.
90/91 Der Elefantenbrunnen auf der Place de la Bastille, Paris. Lithographie. Paris, Musée Carnavalet. Foto: Giraudon, Paris.
92 Der zoologische Garten von Berlin. Lithographie von 1897. Foto: Archiv für Kunst, München.
93 Zirkusplakat. Museum of the city of New York. Foto: Scala, Florenz.
94/95 Elefant am Ufer des Shire-Flusses. Gemälde von Baines (1858). Foto: Royal Geographical Society, London.
96 (oben) Reklameplakat für das Zigarettenpapier „Le Nil". Foto: Tapabor, Paris.
96 (unten) Reklameplakat für „Au Lit d'Or". Foto: Ebd.
97 Babar beim Fotografen. Illustration von Jean de Brunhof (1931). Foto: Charmet, Paris.

Viertes Kapitel

98   Umschlag eines Heftes, Anfang des 20. Jh. Foto: Ebd.

99   Elfenbeinjäger im Südsudan. Foto: Viollet, Paris.

100   Elefantenjagd. Miniatur aus dem 18. Jh. London, British Library.

101   Elefantenjagd in Thailand. Foto von 1911. Foto: Viollet, Paris.

102/103   Das Fangen wilder Elefanten. Stich; aus: „Relation de l'ambassade anglaise dans le royaume d'Ava ou l'empire Birman" (1800). Foto: Edimédia, Paris.

104/105   (oben) Elefantenjagd. Stich aus der „Cosmographie universelle" von André Thevet (1575). Foto: Dagli Orti, Paris.

104   (unten) Gezähmter Elefant, der darauf dressiert wurde, seinesgleichen zu jagen. Kolorierte Lithographie um 1860. Foto: Archiv für Kunst, München.

106   Elefantenjagd. Stich von Stradamus. Foto: Bulloz, Paris.

107   Elefantenjagd. Joel Bol und Philippe Galleus. Florenz, Nationalbibliothek. Foto: Scala, Florenz.

108   Ein „Kraal", um wilde Elefanten auf Ceylon (Sri Lanka) zu fangen. Foto von 1924. Foto: Archives Gallimard, Paris.

109   Ein Elefant flieht vor den Treibern. Ebd.

110/111   (oben) Die gefangenen Elefanten sammeln sich in dem kleinen Tümpel des „Kraals". Ebd.

110   (unten) Treiber auf der Lauer. Ebd.

111   (unten) Gezähmte Elefanten umzingeln einen wilden Artgenossen. Ebd.

112/113   Gefesselte wilde Elefanten. Ebd.

114/115   (unten) Großwildjäger in Afrika. Foto vom Ende des 19. Jh. Foto: Roger Viollet, Paris.

115   Trophäe eines Großwildjägers. Lithographie vom Ende des 19. Jh. Paris, Muséum national d'histoire naturelle. Foto: Bibliothèque du Muséum national d'histoire naturelle, Paris.

116   Die „Venus von Willendorf", aufgefunden in Österreich. Paris, Musée de l'Homme. Foto: Fotothèque du Musée de l'Homme/Oster, Paris.

116/117   Querschnitt durch den Stoßzahn eines Mammuts. Paris, Muséum national d'histoire naturelle. Foto: Ebd.

117   Frauenkopf aus Elfenbein. Museum von Bagdad. Foto: Fotothèque du laboratoire de paléontologie, Muséum national d'histoire naturelle/Serette, Paris.

118/119   Portugiesische Botschafter in Benin. Kolorierte Lithographie. Paris, Muséum national d'histoire naturelle. Foto: Bibliothèque du Muséum national d'histoire naturelle, Paris.

120   Krummstab aus Elfenbein. Siena, Museo dell'Opera metropolitana. Foto: Scala, Florenz.

121   (oben) Kästchen mit Elfenbeininkrustationen. Türkisches Kunsthandwerk. Istanbul, Museum für islamische Kunst. Foto: Archiv für Kunst, München.

121   (unten) Elfenbeinschnitzerei. Museum von Bagdad. Foto: Scala, Florenz.

122   Karawane von Elfenbeinhändlern. Lithographie vom Ende des 19. Jh. Foto: SMPK, Berlin.

122/123   (unten) Ebd.

123   (oben) Ein Elefant trägt Elfenbein. Rom, Museo della Civilà Romana. Foto: Roger Viollet, Paris.

124/125   Das Massenschlachten von Elefanten in Simbabwe. Foto: Worall/Gamma, Paris.

126/127   Elefanten an einem Fluß in Simbabwe. Foto: Ebd.

128   Miteinander kämpfende Elefanten. Mogulschule, um 1630. Paris, Bibliothèque nationale.

Zeugnisse und Dokumente

129   Holzmodell für ein Elefantendenkmal auf der Bastille. Aquarell. Musée Canavalet, Paris.

130   Rekonstruiertes Mammut. Foto: Roger-Viollet, Paris.

133   Evolution der Rüsseltiere; aus: Die Evolution der Säugetiere von Erich Thenius. © Gustav Fischer Verlag, Stuttgart 1971.

135   Ehemalige und gegenwärtige Verbreitung der Rüsseltiere. Ebd.

137   Entwicklung von Schädel- und Backenzahnformen innerhalb der Proboscidea. Ebd.

140   Skelett des Mammuts von Ahlen in seitlicher Ansicht (Tafel 19, Bild 2); aus: Paläontologische Zeitschrift Band 33, Stuttgart 1959. Foto: Paul Siegfried, Münster. © E. Schweizerbart'sche Verlagsbuchhandlung Nägele und Obermiller, Stuttgart 1959.

142   Linker Fuß des Mammutskeletts von Ahlen (Tafel 20, Bild 2). Ebd.

145   Fossiler Gletscher im Nördlichen Eismeer; aus: H. Obermaier, Der Mensch aller Zeiten, Band 1. © Ullstein Verlag, Berlin.

146   Mammutstatuette aus Elfenbein, Vogelherdhöhle. © Archaelogica Venatoria e.V., Tübingen.

148   (links) Schädel eines jungen Asiatischen Elefanten von vorne. Zeichnung von Johann Wolfgang von Goethe; aus: Morphologische Schriften, Jena 1926.

149   Kaumuskulatur der Elefanten; aus: Hans Böker, Einführung in die vergleichende biologische Anatomie der Wirbeltiere. Band 2: Biologische Anatomie der Ernährung. © Gustav Fischer, Jena 1937.

150   Rüsselende des Mammuts (1), des Indischen Elefanten (2) und des Afrikanischen Elefanten (3). Zeichnung von Rudolf Altevogt; aus: Grzimeks Tierleben, Band 12. © Kindler Verlag Zürich, 1972.

155   Asiatische Elefanten bei der Paarung. Schematische Darstellung des weiblichen und des männlichen Genitaltraktes; aus: Austin/Short (Hrsg.), Fortpflanzungsbiologie der Säugetiere, Band 4. © 1981 Paul Parey Verlag, Hamburg und Berlin.

161   Der Präsident Kenias übergibt im Juli 1989 12 Tonnen Elfenbein den Flammen. Foto: Sipa, Paris.

163   Objekt aus Elfenbein. Foto: Today, Paris.

164   Fotos aus dem Film „Les racines du ciel" von John Huston, nach dem gleichnamigen Roman von Romain Gary. Foto: Christophe L., Paris.

Register

Inhalt